Barbara Peters / Lucia Peters

Das leuchtende Hochhaus

Ein Vorleseprojekt zum Mitmachen

Materialien für Kindergarten und Grundschule
Hase und Igel®

www.hase-und-igel.de
Lektorat: Martina Schramm, Monika Burger
Layout: Holger Kirsch
Illustrationen: Gisela Specht
Druck: Himmer AG, Augsburg

ISBN 978-3-86760-849-7

Inhalt

Vorwort

Der Adventskalender „Das leuchtende Hochhaus" bietet ein motivierendes, handlungsorientiertes Vorleseprojekt, das Sie und Ihre Kinder in der Vorweihnachtszeit begleiten und zu vielfältigen Aktivitäten anregen kann. Lernen Sie das Kindergartenkind Katja kennen, ihren Freund Jorick, der schon zur Schule geht, und alle anderen Bewohner des Hochhauses, das von einem „grauen Klotz" nach und nach zu einem „leuchtenden Hochhaus" wird, in dem alle fröhlich das Weihnachtsfest feiern.

Katjas Vater nimmt eine neue Stellung in einer großen Stadt an, sodass die Familie gezwungen ist, aus der vertrauten, eher kleinstädtischen Umgebung wegzuziehen. In der Großstadt mieten sie eine Hochhauswohnung, was Katja zunächst überhaupt nicht gefällt. Sie findet das Haus und die Umgebung grässlich und sehnt sich nach ihrem alten Zuhause, ihren Freunden und ihren Großeltern. Die Adventszeit scheint für Katja grau und traurig zu werden. Das Blatt wendet sich, als Katja im Hochhaus einen Freund findet: Jorick, der ein wenig älter und schon ein Erstklässler ist. Zusammen mit Jorick schmückt Katja das Hochhaus adventlich und lernt nach und nach die unterschiedlichsten Bewohner kennen, mit denen sie vielfältige Aktivitäten unternimmt. Sie erlebt auch, dass es muslimische Mitbewohner gibt, für die das Weihnachtsfest keine Bedeutung hat.

Passend zu den in den jeweiligen Geschichten geschilderten Ereignissen finden Sie für jeden Tag einfache Spiel- und Bastelanregungen, Bewegungslieder und Rezepte. Diese ermöglichen es den Kindern, die beim Vorlesen gehörten Informationen ganzheitlich zu vertiefen. Die vorgeschlagenen Aktivitäten sind vielfältig und sowohl für Kindergartenkinder als auch für Erstklässler gut geeignet.

Als Katja ein Kinderfahrrad im Keller entdeckt, hofft sie, dass noch ein anderes Kind im Hochhaus wohnt. Sie sehnt sich nach einem Spielgefährten. Das Fahrrad gehört Jorick, der für sie in der kommenden Zeit zu einem guten Freund wird. Mit Jorick zusammen überrascht Katja die anderen Hausbewohner mit selbstgebackenen Honigkuchen und Bastelarbeiten, die künftig das Hochhaus schmücken. Nach und nach lernt Katja alle Hausbewohner kennen, z. B. das Ehepaar Stern, das Zwillinge erwartet, Frau Liebig und ihren kleinen Sohn Malte, Frau Schwarz mit ihrem Blindenhund, das Hausmeisterehepaar Rix oder die Familie Martens mit ihren drei Kindern. Katja erlebt, dass die Bewohner des Hauses eine Gemeinschaft sind. Dies drückt sich besonders dadurch aus, dass am 24. Dezember alle zusammen den Weihnachtsgottesdienst besuchen wollen, in dem ein Krippenspiel mit Jorick als Josef aufgeführt wird. Zum Schluss der Geschichte ist Katja wirklich „angekommen" in der neuen Umgebung. Sie ist glücklich und fühlt sich geborgen.

Zu jeder Geschichte gehört eine kurze Zusammenfassung. Diese ermöglicht es Ihnen, Episoden, die auf das Wochenende fallen, kurz und knapp nachzuerzählen. Die Zusammenfassungen sind auch eine Hilfe, wenn die Kinder sich ins Gedächtnis rufen sollen, was am vergangenen Tag in der Geschichte passiert ist. Und schließlich erfahren Kinder, die an dem einen oder anderen Tag fehlen, mithilfe der kurzen Inhaltsangabe in Grundzügen den Fortgang der Handlung.

Der Erzählfluss der Geschichten wird an einigen Stellen durch kursiv gedruckte Fragen unterbrochen, die Sie besprechen und diskutieren können. Mithilfe der Fragen werden Begriffe geklärt, die den Kindern möglicherweise noch nicht bekannt sind. Außerdem regen die Fragen zum Erzählen an.

Die Geschichten

In der ersten Geschichte wird erzählt, wie traurig Katja über den Verlust ihres alten Zuhauses ist. Auf keinen Fall will sie das Hochhaus akzeptieren. Das Aufhängen von weihnachtlichen Fensterbildern, die sie an den letzten Advent erinnern, hilft ihr jedoch ein wenig über die Traurigkeit hinweg und bringt etwas weihnachtlichen Glanz in die Wohnung.

Das Poster

Diesem Band liegt ein großes, farbiges Poster bei, auf dem das Hochhaus abgebildet ist. Jeden Tag wird von dem zweiten beiliegenden Poster ein farbiges Motiv ausgeschnitten und aufgeklebt. Am ersten Tag ist es die kleine Katja, die traurig und ein wenig ratlos vor ihrem neuen Zuhause steht. Dann folgen Bilder, die auf die einzelnen Fenster bzw. zum Schluss auf die Haustür

Das fertige Poster

zu kleben sind. Das Haus füllt sich nach und nach mit seinen Bewohnern und verliert dadurch seinen etwas trostlosen Charakter. Farben und Licht halten Einzug und es entsteht bis zum 24. Dezember ein „leuchtendes Hochhaus“.

Die Gestaltungsideen

Zu jeder Geschichte gibt es eine Aktivität, die Sie mit den Kindern nach dem Vorlesen durchführen können. Ab Seite 54 finden Sie dafür einige Gestaltungsvorlagen.

Die Aktivitäten haben einen direkten Bezug zu der jeweiligen Geschichte. So finden Sie z. B. am 5. Dezember, als davon erzählt wird, dass Katja und Jorick kleine Nikolausgeschenke herstellen, eine Anleitung zum Basteln einer Adventsgirlande. Der Text zum 14. Dezember erzählt davon, dass die Kinder dem alten Herrn Voss ein Winterlied vorsingen. Zu diesem Lied gibt es passende Bewegungsanregungen, die mit den Kindern leicht umgesetzt werden können. Darüber hinaus werden die Vorlesetexte durch Rezepte (z. B. für Weihnachtstee oder Honigkuchen) und weitere Ideen zum Basteln, Malen und Gestalten begleitet. Auch ein kleines szenisches Spiel, das ohne großen Aufwand mit den Kindern einstudiert werden kann, wird angeregt (zum 23. Dezember).

Mit manchen Bastelarbeiten (z. B. den leuchtenden Häusern vom 1. Dezember oder den Schneesternen vom 4. Dezember) können Sie Wände und Fenster wunderbar weihnachtlich dekorieren. Andere Bastelarbeiten lassen sich als kleine Geschenke für Eltern, Großeltern oder Geschwister verwenden, z. B. die Adventsleuchten vom 6. Dezember oder das Gedicht vom 8. Dezember.

Unsere Gestaltungsideen sind Vorschläge. Natürlich ist es auch möglich, an manchen Tagen nur die jeweilige Geschichte vorzulesen und anschließend das vorgesehene Motiv auf das Poster zu kleben.

Das Adventsprojekt kann mit der Herstellung eines Memoryspiels abgeschlossen werden. Vorlagen für die Karten finden Sie auf den Seiten 63 und 64.

Rituale

Kinder lieben und brauchen Rituale. Geben Sie dem „leuchtenden Hochhaus“ einen festen Platz im vorweihnachtlichen Alltag: Lassen Sie die Kinder jeden Tag in einem gemütlichen Sitzkreis Platz nehmen und entzünden Sie die Kerzen am Adventskranz. Zu Beginn können Sie gemeinsam ein Adventslied singen. Anschließend fassen die Kinder den Inhalt der vorangegangenen Geschichte zusammen. Danach werden sie mit Vergnügen dem Fortgang der Handlung lauschen.

Machen Sie sich zusammen mit den Kindern und der Protagonistin Katja mit dem Hochhaus und seinen Bewohnern vertraut, bis Sie es zum Leuchten gebracht haben! Wir wünschen Ihnen und Ihren Kindern eine schöne, kreative Adventszeit und ein frohes Weihnachtsfest!

Barbara Peters und Lucia Peters

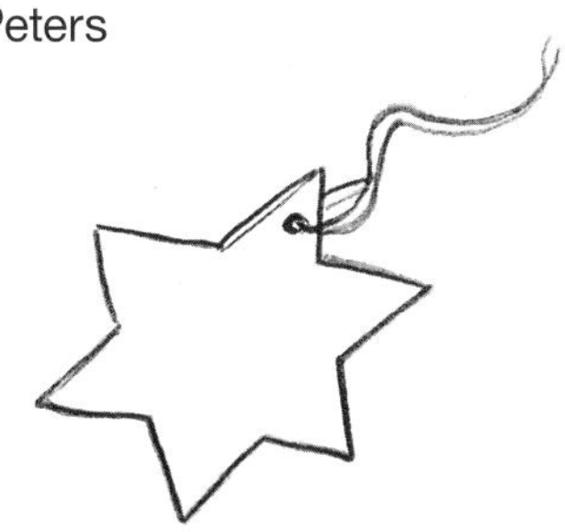

1. Dezember

Das neue Zuhause

Katja schaut traurig an dem grauen Hochhaus hinauf. Es sieht hässlich aus. So viele dunkle Fenster. Und vor der Haustür stehen dreckige, alte Mülltonnen. Im Sommer wachsen hier bestimmt keine Blumen. Da ist Katja sich sicher. Nicht einen einzigen kleinen Baum kann sie entdecken.

Es ist ganz klar: Hier will sie nicht wohnen! Hier ist es einfach nur schrecklich! Es ist doof, dass Papa jetzt in der großen Stadt arbeitet. Deshalb musste Katja nämlich mit Mama und Papa in das blöde Hochhaus ziehen.

Seid ihr auch schon einmal umgezogen? Wie war das für euch?

Das Hochhaus ist jetzt ihr neues Zuhause. Sagt Mama jedenfalls. Dabei kann so ein großer grauer Klotz gar kein Zuhause sein, findet Katja. Zuhause, das ist ein kleines Häuschen mit einem großen Garten. Zuhause bedeutet, dass Oma und Opa gleich nebenan wohnen und dass Katja jeden Nachmittag mit ihren besten Freunden Anna und Nils spielen kann.

Hier kennt Katja niemanden. Außer Mama und Papa natürlich, aber Papa arbeitet ja den ganzen Tag. Und Mama möchte sich auch Arbeit suchen. Nach Weihnachten, wenn Katja sich im neuen Kindergarten eingewöhnt hat.

Dabei will Katja sich im neuen Kindergarten gar nicht eingewöhnen. Auf keinen Fall! Sie war heute das erste Mal dort. Der Kindergarten ist genauso doof wie das hässliche Hochhaus. Katja hat den ganzen Vormittag kein Wort gesagt. Sie hat einfach nicht mit den vielen fremden Kindern gespielt. Katjas Augen werden heiß. Sie hat Sehnsucht nach ihrem richtigen Zuhause. Und sie hat Sehnsucht nach Oma.

Katja klingelt an der Haustür und betritt wenig später die neue Wohnung. In ihrem Zimmer wirft sie sich auf das Bett. Auf dem Nachttisch steht der Adventskalender, den Mama ihr heute Morgen geschenkt hat. Hinter dem ersten Türchen war ein kleiner brauner Bär. Niedlich. Wenn Katja jetzt zu Hause wäre, dann würde sie zu Oma gehen und Oma würde ihr eine Geschichte erzählen. Eine Geschichte über einen kleinen braunen Bären. Jetzt muss Katja richtig weinen …

Warum muss Katja weinen?

Katja presst den Kopf in ihr Kissen und schluchzt. Sie denkt daran, dass nun Advent ist. Im letzten Jahr hat sie vor Weihnachten viel mit Oma und Opa gebastelt. Das war so schön! Katja wischt sich die Tränen aus den Augen. Sie weiß noch genau, wie es damals war: Sie haben aus Fensterbriefumschlägen Häuser gebastelt. Viele witzige Häuser mit bunten Fenstern. Und diese Häuser haben sie an die Fensterscheiben geklebt. Wenn man im Dunkeln draußen vor dem Haus stand und im Zimmer Licht brannte, dann leuchteten die bunten Fenster.

Zum Glück weiß Katja, wo die gebastelten Häuser sind: in der roten Mappe, in der sie auch ihre Zeichnungen aufbewahrt. Und zum Glück liegt eine Rolle Klebeband auf dem Tisch.

Was will Katja machen? Wofür braucht sie das Klebeband?

Als Mama Katja zum Abendessen holen will, bleibt sie erstaunt in der Zimmertür stehen. „Du hast die schönen Häuser ins Fenster gehängt", sagt sie. „Das sieht toll aus! Richtig adventlich!"

Zusammenfassung

Weil Katjas Papa in einer großen Stadt Arbeit gefunden hat, musste Katja mit ihren Eltern umziehen. Das Hochhaus, in dem sie nun wohnt, gefällt ihr nicht, und auch den neuen Kindergarten findet Katja doof. Sie ist sehr traurig, dass sie nicht mehr in der Nähe von Oma und Opa wohnt. Dort war es in der Adventszeit immer besonders schön. Katja schmückt ihr Fenster mit den leuchtenden Häusern, die sie im letzten Jahr mit Oma gebastelt hat.

Leuchtendes Haus

Material pro Kind:

- ein beliebiger Briefumschlag mit Fenster
- Transparentpapier in Gelb, Orange und Rot
- Schere
- Bleistift
- Klebstoff
- durchsichtiges Klebeband

So wird's gemacht:

- Briefumschlag an den beiden Seiten aufschneiden und aufklappen.
- Den Briefumschlag so legen, dass das vorhandene Fenster entweder zur Tür des Hauses oder zu einem großen Fenster wird.
- Dach aufzeichnen und das überstehende Papier abschneiden.
- Beim Aufmalen weiterer Fenster auf genügend Abstand zum Blattrand achten. Fenster ausschneiden.
- Alle Fenster und die Tür mit farbigem Transparentpapier hinterkleben.
- Das Haus mit durchsichtigem Klebeband am unteren Rand eines Fensters an die Scheibe kleben.

Übrigens:

Es macht nichts, wenn Kinder noch nicht akkurat arbeiten können! Schiefe Dächer und Fenster haben innerhalb einer gebastelten Häuserreihe ihren besonderen Charme.

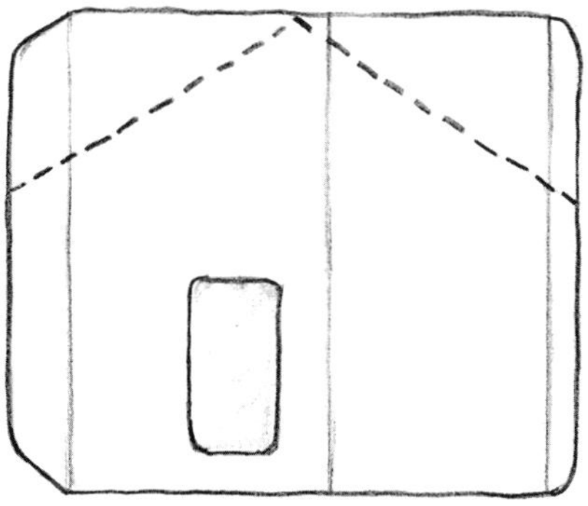

2. Dezember

Aufregung im Keller

Am nächsten Nachmittag kommt Mama mit einem vollen Wäschekorb in Katjas Zimmer. „Ich gehe in den Waschkeller", sagt sie. „Kommst du mit? Im Keller warst du ja noch gar nicht."

Katja überlegt. Sie langweilt sich schon die ganze Zeit. Am liebsten würde sie mit ihren Freunden spielen, aber Anna und Nils wohnen weit weg und in diesem blöden Hochhaus kennt Katja niemanden. Wahrscheinlich wohnen hier sowieso keine Kinder außer ihr. Und wenn keiner mit ihr spielt, dann kann sie auch mit Mama in den Waschkeller gehen.

„Ja!", ruft sie, „aber ich nehme meine Taschenlampe mit." Katja hat nämlich eine ganz besonders schöne Taschenlampe. Die hat ihr der Nikolaus im letzten Jahr gebracht. Jetzt kann Katja die Taschenlampe gut gebrauchen. Im Keller ist es sicher dunkel und im Dunkeln fürchtet sie sich immer ein bisschen.

Habt ihr auch ein bisschen Angst im Dunkeln?

Die neue Wohnung liegt im Erdgeschoss. Das ist sehr praktisch, da müssen Katja und Mama nicht so viele Treppen bis zum Keller hinuntersteigen. Als Mama das Licht einschalten will, ruft Katja: „Nein! Ich leuchte mit meiner Taschenlampe."

Die Lampe ist richtig hell. Ihr langer Lichtkegel wandert vor ihnen durch den dunklen Gang. Der Waschkeller liegt am Ende des Ganges. Mama und Katja müssen an vielen Kellertüren vorbeigehen. Die Türen sind aus Maschendraht wie manche Gartenzäune. Katja kann durch sie hindurchsehen und in die einzelnen Verschläge schauen. Wenn sie ihre Taschenlampe bewegt, dann schwanken dort unheimliche Schatten, die fast wie Gespenster aussehen. Gruselig ist das. Jetzt biegt der Gang nach rechts ab und – was ist das? Oh nein! Da vorne steht ein riesiger schwarzer Geist!

„Mama! Hilfe! Ein Gespenst!", ruft Katja und bleibt zitternd stehen.

„Keine Angst, mein Schatz", sagt Mama und legt Katja eine Hand auf die Schulter. „Da ist nur ein Mantel auf einem Kleiderbügel." Tatsächlich: An einer Drahttür hängt ein langer, dunkler Mantel. Er sieht wie ein riesiger Mann aus. Katja geht langsam weiter. Das Licht der Taschenlampe gleitet über den grauen Betonboden. Es leuchtet in die Kellerverschläge und scheint auf Marmeladengläser, eine alte Schubkarre und einen Schlitten. Katja entdeckt kaputte Koffer, ein Paar Skier, einen Gartenschlauch und jede Menge Spinnweben.

Im Keller kann man manchmal spannende Dinge entdecken. Was steht bei euch im Keller?

Plötzlich blinkt etwas hell auf.

„Da ist etwas Glänzendes!", ruft Katja und leuchtet neugierig in den letzten Kellerraum vor der Waschküche. In der Ecke entdeckt sie ein Fahrrad, das fast genauso aussieht wie ihr

eigenes. Nur dass Katjas Fahrrad grün ist und dieses hier knallrot. Es ist überhaupt nicht alt und verstaubt, sondern neu und blitzblank. Und es ist ein Kinderfahrrad!

Katja lacht. „Du, Mama“, sagt sie, „hier muss ein Kind wohnen. Irgendwo in diesem Hochhaus wohnt ein Kind, dem dieses Fahrrad gehört – aber wo?“

Zusammenfassung

Katja begleitet Mama in den Keller. Mama will dort im Waschkeller Wäsche waschen. In dem langen, dunklen Kellergang machen die beiden kein Licht an. Katja leuchtet mit ihrer Taschenlampe. Das ist ein bisschen unheimlich. Vor einem Mantel, der auf einem Kleiderbügel hängt, erschrickt Katja sehr. Neben vielem alten Gerümpel entdeckt sie in einem Kellerverschlag ein neues Kinderfahrrad: In dem Hochhaus muss also noch ein Kind wohnen!

Spiel: Im Lichtschein

Material pro Gruppe:

- Taschenlampe

So wird's gemacht:

- Ein Mitspieler leuchtet im verdunkelten Zimmer mit der Taschenlampe einige Gegenstände an.
- Die anderen Kinder versuchen, sich die angeleuchteten Gegenstände zu merken.
- Anschließend zählen sie diese der Reihe nach auf.
- Wer es als Erster schafft, darf als Nächster mit der Taschenlampe leuchten.

Spiel: Lichtschreiber (für Schulkinder)

Material pro Gruppe:

- Taschenlampe

So wird's gemacht:

- Ein Mitspieler schreibt im verdunkelten Zimmer mit dem Lichtstrahl der Taschenlampe einzelne Buchstaben oder Zahlen an die Wand.
- Die anderen Kinder raten, was ihr Mitspieler geschrieben hat.
- Wer das Geschriebene richtig errät, ist der nächste Lichtschreiber.

3. Dezember

Weihnachtsbäckerei mit Musik

Am nächsten Tag will Katja das Kind finden, dem das rote Fahrrad gehört. Natürlich kann sie nicht an jeder Wohnungstür klingeln und fragen, ob hier jemand wohnt, dessen Kinderfahrrad im Keller steht. Das wäre peinlich.

Wie würdet ihr nach dem Kind suchen, dem das rote Fahrrad gehört?

Katja hat einen tollen Plan. Sie wird die Namensschilder an den Wohnungstüren im Haus anschauen. Sie kann zwar noch nicht lesen, aber ob auf einem Schild viele Buchstaben stehen oder nur wenige, das kann sie erkennen. Viele Buchstaben bedeuten, dass viele Namen auf einem Schild stehen. Und das heißt, dass viele Menschen in der Wohnung wohnen.

Auf dem Türschild der Nachbarwohnung entdeckt Katja eine Menge Buchstaben. Mama hat schon erzählt, dass hier sehr nette Leute wohnen. Ob es wohl eine große Familie ist? Katja klingelt.

„Tom! Machst du mal auf?“, ruft eine Frau.

„Ja, gleich!“, antwortet ein Mann.

Aha, denkt Katja. Vater und Mutter. Hoffentlich haben sie auch Kinder. In diesem Augenblick reißt jemand die Wohnungstür auf und es staubt weiß. Das kitzelt in der Nase.

„Haaatschii!“ Katja muss niesen.

„Hallo!“, sagt ein mehlbestäubter junger Mann. Er hat einen Pferdeschwanz. Auf seiner Nase klebt Teig. „Ach, bist du das Mädchen von nebenan? Komm rein! Wir backen gerade. Ich muss das Blech aus dem Ofen nehmen.“ Und schon ist er wieder in der Küche verschwunden.

Katja schließt die Tür und folgt ihm. Für einen Papa sieht er ziemlich jung aus.

In der Küche sitzt ein zweiter junger Mann am Küchentisch und schneidet Figuren aus einer Teigplatte. Eine junge Frau verziert Plätzchen mit buntem Zuckerguss. Tom öffnet den Ofen und zieht ein Backblech heraus. Darauf liegen vier große Honigkuchenmänner. Wie das duftet!

„Hallo!“ Die junge Frau lächelt. „Ich bin Anja. Und das sind Ole und Tom. Du bist gerade nebenan eingezogen, nicht wahr? Wie heißt du denn?“

„Katja“, sagt Katja leise. Sie ist ein bisschen traurig. Schade, hier scheinen keine Kinder zu wohnen.

„Was können wir für dich tun?“, fragt Ole und stibitzt eins von Anjas Plätzchen.

„He!“, lacht Anja und gibt ihm einen Klaps auf die Finger.

„Ich dachte …“, murmelt Katja. „Ich wollte fragen, ob hier das Kind wohnt, dem das rote Fahrrad im Keller gehört.“

„Nee“, sagt Tom. „Mein Rennrad ist silbern – und Kinder wohnen hier nicht. Außer Ole, der macht genauso viel Quatsch wie zehn Kinder.“

„Probier mal!“, sagt Ole und reicht Katja einen Keks. „Die sind sehr lecker!“

„Möchtest du uns helfen?“, fragt Anja.

Warum nicht? Katja backt für ihr Leben gern. Sie muss nur noch schnell ihre Mama fragen, ob sie beim Backen helfen darf.

Habt ihr auch schon einmal beim Backen geholfen?

Es wird ein lustiger Nachmittag. Anja, Ole und Tom erzählen, dass sie Studenten sind und hier in einer Wohngemeinschaft leben. Später holt Tom seine Gitarre. Er kennt viele Weihnachtslieder. Katja, Ole und Anja singen laut mit. Dabei backen sie Sterne, Tannenbäume und Honigkuchenmänner. Als Katja nach Hause geht, darf sie eine Dose mit Plätzchen mitnehmen. Und einen besonders schönen Honigkuchenmann.

Zusammenfassung

Da auf dem Türschild der Nachbarwohnung viele Buchstaben stehen, vermutet Katja, dass dort auch das Kind lebt, dem das rote Fahrrad im Keller gehört. Als Katja klingelt, öffnet ein Student. Ole, Tom und Anja, die in einer Wohngemeinschaft leben, sind gerade bei der Weihnachtsbäckerei. Katja darf helfen und bekommt zum Abschied eine Dose mit Plätzchen und einen großen Honigkuchenmann.

Honigkuchen

Zutaten:

- 100 g Butter oder Margarine
- 125 g Zucker
- 250 g Honig
- 2 Eier
- 1 Esslöffel Lebkuchengewürz
- 1 Esslöffel Kakaopulver
- 1 Prise Salz
- 1 Päckchen Backpulver
- 500 g Mehl

So wird's gemacht:

- Butter, Zucker und Honig in einem Topf unter Rühren erhitzen, bis der Zucker gelöst ist.
- Honigmasse abkühlen lassen, bis sie lauwarm ist.
- Eier, Lebkuchengewürz, Kakao und Salz unterrühren.
- Mehl und Backpulver nach und nach unterrühren und zum Schluss alles mit der Hand gut durchkneten.
- Den Teig abgedeckt etwa vier Stunden oder über Nacht im Kühlschrank ruhen lassen.
- Nach der Ruhephase den Teig etwa 0,5 cm dick ausrollen und aus dem Teig Honigkuchenmänner in beliebiger Größe mit einem Messer ausschneiden oder mit Formen Plätzchen ausstechen. Dies gelingt am besten direkt auf Backpapier.
- Die Teigrohlinge mithilfe des Backpapiers auf ein Blech legen und im vorgeheizten Ofen etwa 12 Minuten bei 180 °C (Heißluft) backen.

4. Dezember

Jede Menge Schneesterne

Katja hat es eilig. Schnell wie der Wind läuft sie vom Kindergarten nach Hause. Mama ist schon außer Atem und keucht: „Warum rennst du so?“

„Ich hab noch was vor!“, ruft Katja. „Gestern habe ich Tom, Anja und Ole gefunden. Heute muss ich das Kind suchen, dem das rote Fahrrad gehört!“

Vor dem Hochhaus sucht Mama den Haustürschlüssel. Das dauert ewig. Katja hüpft von einem Bein auf das andere.

Mama soll sich beeilen.

In diesem Augenblick kommt ein Junge um die Ecke. Er trägt eine schwarze Schultasche mit grünen und gelben Dinosauriern. Er sieht nett aus. Seine blauen Augen blitzen und seine blonden Strubbelhaare stehen von seinem Kopf ab. Bevor Mama ihren Schlüssel findet, schließt der Junge auf. Er trägt seinen Schlüssel an einem Band um den Hals.

„Hallo!“, sagt er und hält Mama und Katja die Tür auf.

„Hast du ein Fahrrad?“, fragt Katja aufgeregt.

Warum ist Katja so aufgeregt?

„Guten Tag!“, sagt Mama lächelnd und zeigt auf Katja. „Das ist Katja und wie heißt du?“

„Hallo, Katja“, sagt der Junge. „Ich heiße Jorick.“

„Und“, fragt Katja, „hast du ein Fahrrad?“

Jorick nickt. „Mein Fahrrad steht im Keller. Es ist rot.“

Hurra! Katja hat das Kind gefunden, dem das rote Fahrrad gehört. Es war ganz einfach. Aber wie soll es jetzt weitergehen? Jorick ist etwas älter als Katja. Er geht schon in die Schule. Katja überlegt.

Was, glaubt ihr, tut Katja jetzt? Wie könnte sie Jorick näher kennenlernen?

Soll sie Jorick fragen, ob er mit ihr spielen will? Vielleicht verabredet er sich nicht mit Mädchen. Oder er findet Kindergartenkinder doof. Oder … Egal, sie wird einfach fragen. Wenn er nicht mit ihr spielen will, dann muss er es eben sagen.

„Hast du heute Zeit?“, fragt sie mutig. „Wollen wir uns verabreden?“

„Na klar“, sagt Jorick. „Du kannst mich besuchen, wenn du magst. Aber erst muss ich Hausaufgaben machen.“

Jorick wohnt ein Stockwerk über Katja. Er zeigt ihr, wo sie nachher klingeln muss.

Als Katja nach einer Stunde zu Jorick kommt, ist er mit seinen Hausaufgaben noch nicht fertig. Er muss Schneesterne aus weißem Glanzpapier basteln.

„Ich helfe dir", sagt Katja. Mit einer Schere kann sie nämlich schon gut umgehen. Jorick zeigt ihr, wie sie das Papier falten muss und an welchen Linien sie entlangschneiden soll. Katjas erster Stern wird ein bisschen schief und krumm, aber schon beim zweiten klappt es prima.

Sie falten und schneiden und Katja erzählt von Oma und Opa, von dem doofen Kindergarten und von ihren Freunden, die jetzt so weit weg wohnen.

„Der Kindergarten ist doch nicht doof", meint Jorick. „Ich fand es dort toll!"

„Echt?", fragt Katja erstaunt. „Vielleicht war es ja früher schöner."

Die Zeit vergeht wie im Flug. Als Joricks Mama ins Zimmer kommt, weil Katja nach Hause gehen muss, liegen überall Schneesterne herum.

„Toll!", sagt Jorick zufrieden. „Jetzt haben wir jede Menge Schneesterne. So viele brauche ich gar nicht für die Schule."

Zusammenfassung

Als Katja mit Mama aus dem Kindergarten nach Hause kommt, trifft sie vor dem Haus Jorick. Ihm gehört das rote Fahrrad im Keller. Der Junge geht schon zur Schule. Er wohnt ein Stockwerk über Katja und verabredet sich mit ihr für den Nachmittag. Die beiden unterhalten sich und basteln zusammen jede Menge Schneesterne aus weißem Glanzpapier.

Schneesterne

Material pro Kind:

- Kopie der Vorlage von Seite 54
- weißes Papier bzw. Glanzpapier
- Schere
- durchsichtiges Klebeband

So wird's gemacht:

- Den Kreis auf der Vorlage ausschneiden.
- Gemäß der Anleitung den Kreis dreimal falten und dann die hellgrauen Flächen ausschneiden.
- Papier auseinanderfalten. Schon ist ein Schneestern fertig.
- Den Schneestern mit durchsichtigem Klebeband am Fenster befestigen.

Tipps:

Die Kinder können mithilfe eines Tellers selbst Papierkreise herstellen, falten und ausschneiden. Ältere Kinder können mit der Schere experimentieren und ganz individuelle Formen von Sternen entdecken.

5. Dezember

Zwei heimliche Nikoläuse

Gestern war Katja zum ersten Mal bei Jorick. Heute Nachmittag wird ihr neuer Freund sie besuchen, das hat er versprochen. Katja wartet und wartet. Wann kommt Jorick denn endlich?

Als Mama sieht, wie ungeduldig Katja ist, sagt sie: „Es dauert sicher nicht mehr lange. Wahrscheinlich muss Jorick noch Hausaufgaben machen."

Hausaufgaben! Genau, Jorick ist ja schon ein Schulkind. Das hat Katja ganz vergessen. Endlich klingelt es an der Tür. Katja rennt durch den Flur und reißt die Wohnungstür auf.

„Du hast es aber eilig", lacht Jorick.

„Komm rein", flüstert Katja und sieht sich vorsichtig um. „Ich habe eine tolle Idee, aber Mama darf es nicht wissen. Es ist ein Geheimnis."

Dann ruft sie laut: „Wir gehen in mein Zimmer!"

Sie packt Joricks Hand und zieht ihn durch den Flur.

Habt ihr auch schon einmal ein Geheimnis gehabt, das ihr nur eurem besten Freund verraten wolltet?

„Was für ein Geheimnis hast du denn?", fragt Jorick neugierig, als Katja ihre Zimmertür schließt.

„Welcher besondere Tag ist morgen?", fragt Katja.

„Ein besonderer Tag?", wundert sich Jorick. „Keine Ahnung."

Katja hebt einen glänzenden Stiefel hoch und erklärt: „Den habe ich gerade geputzt, als ich auf dich gewartet habe."

In Joricks blauen Augen blitzt es. Natürlich weiß er jetzt, welchen Tag Katja meint.

Welchen Tag meint Katja? Wer kommt morgen?

„Na klar!", ruft Jorick. „Morgen ist Nikolaustag! Das ist aber kein Geheimnis. Das weiß doch jeder!"

„Aber unser Geheimnis ist …", erklärt Katja und flüstert Jorick etwas ins Ohr.

Jorick kichert: „Du meinst, wir beide spielen Nikolaus?"

Katja nickt: „Ganz heimlich. Wir bringen allen, die in unserem Hochhaus wohnen, eine Überraschung zum Nikolaustag."

Jorick findet Katjas Idee toll. Jetzt müssen sie nur überlegen, was sie ihren Nachbarn zum Nikolaustag schenken wollen. Katja öffnet die Dose mit den Honigkuchen, die sie vorgestern mit Tom, Anja und Ole gebacken hat. Das sind schöne Nikolausgeschenke. Da fällt Jorick ein, dass er noch jede Menge Schneesterne zu Hause hat. Die Schneesterne sehen hübsch aus. Die können sie auch im Haus verteilen.

„Wir basteln noch Adventsgirlanden aus Holzperlen und Strohhalmen“, schlägt Katja vor. „Das ist ganz einfach.“

Gesagt, getan. Eifrig fädeln sie Perlen und Strohhalmstückchen auf lange Bindfäden. Schließlich haben sie genug Nikolausgeschenke für das ganze Haus. Sie verpacken die Honigkuchen in bunte Papierservietten und legen sie zusammen mit den Schneesternen und den Girlanden in einen Korb. Dann schleichen sie vor die Wohnungstür. Dort bleiben sie stehen und lauschen. Nichts ist zu hören. Niemand ist im Treppenhaus.

Still und heimlich huschen Katja und Jorick von Stockwerk zu Stockwerk. Vor jede Wohnungstür legen sie ein Geschenk. Manchmal ist es ein Honigkuchentütchen, ein anderes Mal ist es ein Schneestern. Es gibt auch Wohnungstüren, an die die beiden heimlichen Nikoläuse eine Adventsgirlande hängen. Zum Schluss haben sie noch einen Schneestern und eine Girlande übrig. Damit schmücken sie ein Treppenhausfenster. Das sieht richtig schön aus. Die beiden heimlichen Nikoläuse sind sehr zufrieden.

Zusammenfassung

Jorick besucht Katja. Da am nächsten Tag Nikolaustag ist, beschließen die Kinder, als heimliche Nikoläuse im ganzen Hochhaus kleine Geschenke zu verteilen. Sie hängen Tütchen mit Honigkuchen, Schneesterne und selbst gebastelte Adventsgirlanden an alle Wohnungstüren. Zum Schluss schmücken sie noch ein Treppenhausfenster.

Adventsgirlande

Material pro Kind:

- ca. 10 ungebügelte Strohhalme, evtl. farbig
- kleine, bunte Holzperlen (Durchmesser ca. 3 cm)
- stumpfe Nadel
- Faden (z. B. Zwirn)
- durchsichtiges Klebeband zum Aufhängen

So wird's gemacht:

- Strohhalme in ca. 3 cm lange Stücke schneiden.
- Faden einfädeln und am Ende ein Stück Strohhalm festknoten, damit der Faden nicht durchrutscht.
- Die Kinder fädeln nun abwechselnd ein Stück Strohhalm und eine Holzperle auf, bis das Material aufgebraucht ist.
- Die Girlanden können mit durchsichtigem Klebeband am Fenster, an der Tür oder auch an der Wand befestigt werden.

6. Dezember

Kommt der Nikolaus zum Tee?

Papa ist der Erste, der die Überraschung an der Wohnungstür findet. Katja zieht gerade einen Schoko-Nikolaus aus ihrem Stiefel, als sie seine Stimme hört. „Na, so was! Wer hat uns denn die schöne Girlande an die Tür gehängt?"

Als Papa zur Arbeit gehen wollte, hat er das Geschenk entdeckt. Jetzt steht er im Flur, hält die Adventsgirlande in der einen und die Aktentasche in der anderen Hand. Er sieht ein bisschen verwirrt aus.

Mama blickt Katja an: „Ich glaube, das war …"

Doch Katja ist schneller. „Der Nikolaus, ist doch klar!", ruft sie.

„Aha", murmelt Papa. „Na dann …" Er hängt Mama die Girlande um den Hals und verabschiedet sich. Sein Bus fährt gleich. Mama zwinkert Katja heimlich zu.

Warum zwinkert Mama Katja zu?

Jorick wartet im Treppenhaus auf Katja und Mama. Auf dem Weg zur Schule kann er ein Stück mit ihnen gehen. In diesem Augenblick kommen Frau Liebig und Frau Stern aus der dritten Etage gemeinsam die Treppe herunter. Frau Liebig trägt ihren kleinen Sohn. Frau Stern muss nur ihren dicken Bauch tragen.

„Sie bekommt bald ein Baby", flüstert Jorick Katja zu, „deshalb ist sie so dick."

„Das war ja eine Überraschung", sagt Frau Stern. „An unserer Tür hing ein wunderhübscher Stern."

„Wir haben eine Girlande aus Holzperlen und Strohhalmen bekommen", erzählt Frau Liebig. „So eine nette Idee! An den anderen Türen hängt auch etwas. Wer die Geschenke wohl verteilt hat?"

Sie gehen an Katjas Wohnung vorbei.

„Vielleicht war es der Nikolaus", sagt Frau Stern gerade.

Als Katja kichert, stößt Jorick ihr den Ellbogen in die Seite und schüttelt den Kopf.

Was will Jorick Katja sagen? Warum stößt er sie an und schüttelt den Kopf?

Katja beißt sich auf die Unterlippe.

Da sagt Frau Liebig: „Ein Nikolaus? Wer weiß, vielleicht waren es zwei kleine Nikoläuse." Sie lächelt Katja und Jorick zu. Gemeinsam verlassen alle sechs das Hochhaus. Auf dem Gehweg bleiben sie noch einen Augenblick stehen. Frau Stern entdeckt das Treppenhausfenster, das Katja und Jorick geschmückt haben.

„Wie nett!", sagt sie und zeigt nach oben. „Ich glaube, ich klebe meinen Stern in das Fenster auf unserer Etage."

„Das ist eine tolle Idee." Frau Liebig nickt. „Ich hänge unsere Girlande dazu. Außerdem habe ich noch zwei Adventsleuchten. Die stellen wir auch ins Treppenhausfenster. Abends zünden wir die Kerzen an. Das strahlt so weihnachtlich in die Nacht."

„Wer auch immer die Überraschungen verteilt hat, ob ein Nikolaus oder zwei Nikoläuse oder vielleicht sogar zwei Kinder – ich finde, das war eine wirklich gute Idee!", sagt Frau Stern und schaut Jorick an. „Ich würde mich gern mit einem Adventstee und ein paar Plätzchen bedanken. Aber ob der Nikolaus mich besuchen würde?"

„Der Nikolaus vielleicht nicht, aber zwei heimliche Kindernikoläuse bestimmt gern!", prustet Katja los. Auch Jorick muss jetzt kichern.

Sie verabreden sich für den Nachmittag bei Frau Stern. Natürlich sind auch Frau Liebig, ihr Sohn Malte und Mama eingeladen.

Zusammenfassung

Am Nikolausmorgen findet Papa die Adventsgirlande an der Wohnungstür. Auf dem Weg zum Kindergarten und zur Schule treffen Mama, Katja und Jorick Frau Liebig und Frau Stern, die sich über die Nikolausgeschenke an ihren Türen sehr gefreut haben. Frau Stern vermutet, dass es zwei kleine Nikoläuse waren, die die Geschenke gebracht haben. Sie bedankt sich mit einer Einladung zum Tee mit Plätzchenessen.

Adventsleuchte

Material:

- Schüssel und alter Schneebesen
- Kleisterpulver
- Pinsel
- ein Marmeladen- oder Einmachglas pro Kind
- Transparentpapier (bunt oder nur rot, gelb und orange)
- alte Zeitungen
- ein Teelicht pro Kind

So wird's gemacht:

- Die alten Zeitungen als Unterlage ausbreiten.
- Kleisterpulver nach Packungsanleitung mit einem alten Schneebesen in einer Schüssel anrühren.
- Transparentpapier in kleine Stücke reißen.
- Mit dem Pinsel eine Seite des Marmeladen- oder Einmachglases mit Kleister bestreichen.
- Transparentpapierstücke auf das Glas legen und glatt streichen.
- Nun die andere Seite des Glases einkleistern, mit Transparentpapier bekleben und trocknen lassen.
- Teelicht in das Glas setzen, anzünden und so das Glas zum Leuchten bringen.

7. Dezember

Das Kochlöffeltheater

Katja und Jorick laufen durch das Treppenhaus. Sie sehen nach, ob alle Hausbewohner ihre Nikolausgeschenke gefunden haben. Tatsächlich: Vor den meisten Wohnungstüren liegen keine Schneesterne, keine Adventsgirlanden und keine Honigkuchentütchen mehr. Nur Joricks Nachbarn haben ihre Honigkuchen nicht in die Wohnung geholt. Dort liegt noch ein kleines Serviettentütchen neben der Fußmatte.

Jorick wundert sich: „Da wohnt aber jemand! Morgens, mittags und abends geht dort immer eine Frau hinein."

„Und manchmal bringt ein junger Mann Lebensmittel", sagt Katja. „Das habe ich gesehen. Mama sagt, das ist ein Zivi."

Was ist ein Zivi? Was machen Zivis?

Bevor die Kinder herausfinden, was mit dieser Wohnung los ist, hören sie über sich eine Stimme.

„Seid ihr die Nikoläuse, die mir die schönen Schneesterne gebracht haben?"

„Ja, das sind wir!", antwortet Katja und Jorick lacht.

„Kommt doch einmal zu mir herauf!", ruft der Mann. „Ich möchte mich bei euch bedanken."

„Wer ist das?", fragt Katja ihren Freund, als sie die vielen Stufen bis in den vierten Stock hinauflaufen.

„Das ist Herr Richter", erklärt Jorick.

Herr Richter steht freundlich lächelnd in der offenen Wohnungstür. Er hat weißes Haar, rote Wangen und eine silberne Brille. An der Tür klebt ein Schneestern.

„Ich möchte euch zum Kochlöffeltheater einladen", sagt Herr Richter. „Habt ihr Lust dazu?"

Was ist das wohl, ein „Kochlöffeltheater"? Könnt ihr euch darunter etwas vorstellen?

Kochlöffeltheater? Das klingt lustig. Das wollen sich Katja und Jorick natürlich gern ansehen. Die beiden Kinder müssen nur schnell zu Hause Bescheid sagen, sonst machen ihre Mamas sich Sorgen.

Wenig später sitzen sie bei Herrn Richter auf dem Sofa. Im Türrahmen der Wohnzimmertür hängt eine große rote Decke. Dahinter hat sich Herr Richter mit seinen Kochlöffeln versteckt. Er besitzt eine große Kiste voller witziger Holzkochlöffel. Die Kochlöffel haben Gesichter und Haare aus Wolle. Manche tragen Umhänge und bunte Röcke aus Stoff. Es gibt einen Kasper und eine Prinzessin und verschiedene Tiere. Jorick mag den Löwen besonders gern. Katja gefällt der kleine Außerirdische mit den Antennen auf dem Kopf am besten. Sein Stiel ist mit Alufolie umwickelt. Das glitzert so schön.

Was ist ein Außerirdischer? Wo könnte er herkommen?

In dem Theaterstück, das Herr Richter mit den Kochlöffeln spielt, trifft der Außerirdische Alpha X den Kasper, der gerade Weihnachtseinkäufe machen will. Neugierig fragt Alpha X: „Weihnachten? Was ist das?“ Alpha X hat nämlich noch nie davon gehört. Kasper erzählt Alpha X alles, was er über Weihnachten weiß. Leider versteht Alpha X nicht, wieso alle Kinder zu Weihnachten Geschenke bekommen, wenn sie gar nicht Geburtstag haben.

Wenn Alpha X redet, dann verstellt Herr Richter seine Stimme. Das klingt dann wie ein Roboter. Katja und Jorick lachen jedes Mal laut. Als Alpha X endlich verstanden hat, was Weihnachten für ein Fest ist, klatschen die Kinder begeistert.

Zusammenfassung
Als Katja und Jorick durch das Haus gehen, sehen sie, dass Joricks Nachbarn ihr Nikolausgeschenk noch nicht gefunden haben. Nicht einmal Jorick weiß, wer in der Wohnung wohnt. Bevor die Kinder darüber nachdenken können, was es mit dieser Wohnung auf sich hat, werden sie von Herrn Richter aus dem vierten Stock zum Kochlöffeltheater eingeladen. Es wird eine tolle Vorstellung.

Kochlöffelfigur

Material:
- ein beliebiger Kochlöffel aus Holz pro Kind
- schwarzer Filzstift
- Klebstoff
- Bänder, Perlen, Knöpfe
- Stoff-, Woll- und Fellreste
- evtl. stumpfe Nadel und Faden

So wird's gemacht:
- Auf die Außenseite des Löffels das Gesicht mit einem Filzstift aufmalen oder verschieden große Knöpfe entsprechend aufkleben.
- Aus Wollresten oder einem Stückchen Fell eine Frisur zaubern und ankleben.
- Aus Stoffresten mit großen Stichen einen Umhang nähen oder kleben und am Stiel befestigen.
- Als Schal unterhalb des Kopfes ein Stück Band zu einer Schleife binden.

Tipp:
Überlegen Sie zusammen mit den Kindern kleine Dialoge der Kochlöffelfiguren und entwickeln Sie Szenen, die Sie auch als kleines Kasperltheater vor Publikum aufführen können.

8. Dezember

Ein Adventsgedicht

Katja und Jorick wollen heute zusammen Fahrrad fahren. Deshalb treffen sie sich nach dem Mittagessen mit ihren Rädern vor dem Haus. Sie fahren auf dem Gehweg hin und her. Jorick fährt Schlangenlinien. Katja traut sich das nicht. Sie übt, nur mit einer Hand zu lenken, und das klappt immer besser.

Plötzlich bremst Katja und springt schnell vom Rad. Eine Frau kommt mit ihrem Hund auf das Hochhaus zu. Der Hund ist ziemlich groß. Katja hat Angst vor ihm. Der Hund geht dicht neben der Frau. Er trägt ein Gestell mit einem Griff auf dem Rücken. Die Frau hält den Griff fest und lässt sich führen.

Was für ein besonderer Hund ist das? Habt ihr so einen Hund schon einmal gesehen?

„Du musst keine Angst haben, Katja!", ruft Jorick. „Das ist Frau Schwarz mit Matz. Frau Schwarz ist blind und Matz ist ihr Blindenhund. Er ist ganz lieb."

Als Frau Schwarz Joricks Stimme hört, sagt sie: „Sitz!"

Matz gehorcht sofort und wedelt mit dem Schwanz. Er ist sehr brav.

„Hallo, Jorick!", grüßt Frau Schwarz. „Mit wem spielst du denn heute?"

„Das ist Katja", erklärt Jorick. „Sie wohnt noch nicht so lange in unserem Haus."

Katja begrüßt Frau Schwarz und streichelt Matz. Sein Fell fühlt sich weich und warm an. Dann ergreift Frau Schwarz wieder das Führgeschirr. Sofort steht Matz auf.

Was ist ein Führgeschirr? Woher weiß Matz, dass er aufstehen muss?

„Voran!", sagt Frau Schwarz. „Such Tür!"

Zielstrebig steuert Matz auf die Haustür zu. Katja schaut den beiden nachdenklich hinterher.

„Frau Schwarz kann gar nicht sehen, wie weihnachtlich die beiden Treppenhausfenster geschmückt sind", sagt sie traurig. „Schade!"

„Aber ihre Honigkuchen, die kann sie riechen und schmecken", meint Jorick.

Plötzlich hat Katja eine Idee.

„Wir schreiben ein Adventsgedicht und malen dazu", erklärt sie Jorick, „und das lesen wir Frau Schwarz heute Abend vor. Komm mit!"

„Aber du kannst ja gar nicht schreiben und lesen", sagt Jorick.

„Wart's nur ab!", ruft Katja und rennt nach Hause.

Den Rest des Nachmittags schreiben und malen die Kinder eifrig. Dann klingeln sie bei Frau Schwarz und die blinde Frau bittet die Kinder herein.

„Wir haben ein Gedicht für Sie geschrieben", sagt Jorick, als sie im Wohnzimmer sitzen.

„Jorick hat geschrieben und ich habe gemalt“, erklärt Katja. „Aber gedichtet haben wir beide. Es ist sogar ein Rätsel.“

Jorick fängt gleich an vorzulesen: „Ein Tisch mit einem roten Tuch.“

Als Katja das nächste Bild sieht, weiß sie sofort, was dort steht: „Ein Tannenzweig in einer Vase.“

Jetzt ist Jorick wieder an der Reihe. Er liest: „Ein dickes, dickes Märchenbuch …“

„… und Plätzchenduft in meiner Nase“, ruft Katja und schaut den Teller mit Keksen an, den sie gemalt hat.

„Im Fenster hängt ein gold’ner Stern“, fährt Jorick fort.

Nun kommt das Bild von dem Stiefel, den Katja gezeichnet hat.

„Ein Stiefel wartet still und leise“, sagt sie.

Katja sieht das Bild von den Nüssen und Jorick liest: „Ich knack die Nuss. Das mach ich gern.“

Das letzte Bild war das schwierigste: der Nikolaus. Aber er ist toll geworden.

„Der Nikolaus geht auf die Reise“, sagt Katja stolz.

Zu den letzten beiden Zeilen gibt es kein Bild mehr.

Jorick liest: „Das ist die Zeit, die jeder kennt. Du weißt es auch: Es ist …“

Gespannt warten die Kinder. Kann Frau Schwarz das Rätsel lösen? Natürlich kann sie es. Sie lächelt und sagt: „Advent!“ Und dann klatscht sie so kräftig in die Hände, dass Matz, der unter dem Tisch geschlafen hat, aufwacht und mit dem Schwanz wedelt.

Zusammenfassung

Katja und Jorick treffen vor dem Haus die blinde Frau Schwarz mit ihrem Blindenhund Matz. Die Kinder finden es traurig, dass Frau Schwarz nichts sehen kann. Sie beschließen, ein Adventsgedicht zu schreiben und es Frau Schwarz vorzulesen. Sie arbeiten den ganzen Nachmittag. Am Abend lesen sie der blinden Frau das schöne Gedicht vor.

Adventsgedicht

Material pro Kind:

- Kopie der Vorlage von Seite 55
- Schere
- Buntstifte
- evtl. Schleifenband

So wird’s gemacht:

- Bogen auf der Kopiervorlage ausschneiden.
- Abgebildete Motive mit Buntstiften farbig gestalten.
- Den eigenen Namen eintragen.
- Schmuckblatt aufrollen und mit einem Band eine Schleife darumbinden.
- Jemanden beschenken, dem man eine besondere Freude machen will.

9. Dezember

Herr Rix ist fix

Es ist schon dunkel. Jorick und Katja haben in Katjas Zimmer mit Decken und Kissen eine Höhle gebaut. Sie spielen, dass sie zwei Kinder sind, die allein im Wald wohnen. Jorick kocht eine Suppe in Katjas Puppenkochtopf und Katja sitzt mit Joricks Plastikschwert vor der Höhle und passt auf, dass keine gefährlichen Tiere angreifen.

Plötzlich geht das Licht aus. Jorick lässt vor Schreck den Kochtopf fallen. Zum Glück ist keine echte Suppe darin.

„Was ist das denn?“, flüstert Katja.

„Vielleicht ist die Glühlampe kaputt!“, sagt Jorick und tastet sich zur Zimmertür.

Im Flur ist es auch finster. Katjas Mama kommt mit einer Taschenlampe aus dem Wohnzimmer. „Irgendwo ist ein Kurzschluss“, vermutet sie.

Was ist ein Kurzschluss? Was passiert, wenn irgendwo ein Kurzschluss ist?

Katja öffnet die Wohnungstür. Vielleicht kann sie das Licht im Treppenhaus anknipsen. Dann scheint es ein bisschen in die Wohnung. Aber die Treppenhausbeleuchtung funktioniert nicht. Im ganzen Haus ist es dunkel.

Mama verschwindet mit der Taschenlampe in der Küche. Sie will ein paar Kerzen holen. Jorick und Katja stehen im Dunkeln und lauschen.

„So geht es Frau Schwarz immer“, sagt Katja. „Für sie ist es immer dunkel.“

In diesem Moment fällt im Stockwerk über ihnen eine Tür ins Schloss. Ein Lichtschein huscht durchs Treppengeländer und Herr Rix, der Hausmeister, kommt die Treppe herunter. Er trägt eine Werkzeugkiste und eine Taschenlampe. In der Werkzeugkiste rumpelt und klackert es laut.

Habt ihr zu Hause auch eine Werkzeugkiste? Was ist darin? Welche Werkzeuge kennt ihr?

„Guten Tag, Herr Rix!“, sagen Jorick und Katja höflich.

„Hallo, ihr beiden!“, brummt Herr Rix. „Wollt ihr mit in den Keller kommen? Ich muss zum Sicherungskasten, da ist vermutlich ein Kurzschluss. Ihr könnt mir leuchten. Ich kann Hilfe gebrauchen.“

Natürlich wollen Jorick und Katja helfen. Das ist viel spannender, als in der dunklen Wohnung zu warten, bis das Licht wieder funktioniert. Katja holt schnell ihre Taschenlampe und dann gehen sie in den Keller. Herr Rix schleppt nur noch seine Werkzeugkiste. Die Taschenlampe trägt Jorick.

Im Keller öffnet Herr Rix im Taschenlampenschein den Sicherungskasten. Er pfeift durch die Zähne.

„Na bitte. Ich sag’s ja. Die Sicherung.“

Er schraubt und klopft eine Weile, während Katja und Jorick leuchten. Plötzlich geht mit einem PLING das Kellerlicht an. Katja schaut sofort nach – das Licht im Treppenhaus brennt auch wieder.

„Geschafft!", sagt Herr Rix und klappt den Werkzeugkasten zu. „Danke, ihr beiden. Ihr seid zwei prima Gehilfen! Was haltet ihr von einer Tasse Zimttee zum Dank?"

Da sagen Katja und Jorick natürlich nicht Nein. Sie begleiten Herrn Rix in seine Wohnung.

Bei Herrn und Frau Rix gibt es nicht nur leckeren Zimttee, sie haben auch köstliche Weihnachtsplätzchen gebacken, die die Kinder probieren dürfen.

Zusammenfassung

Als Katja und Jorick bei Katja spielen, geht plötzlich im ganzen Hochhaus das Licht aus. Das ist vermutlich ein Kurzschluss. Katja und Jorick begleiten den Hausmeister, Herrn Rix, in den Keller zum Sicherungskasten und helfen, indem sie mit den Taschenlampen leuchten. Zum Dank laden Herr und Frau Rix die Kinder zu Tee und Weihnachtsplätzchen ein.

Spiel: Lichtquartett

Material pro Kind:

- Taschenlampe
- Gegenstände, wie z.B. Ball, Löffel, kleines Buch, kleines Stofftier (jeweils vier Kinder haben den gleichen Gegenstand)

So wird's gemacht:

- Jedes Kind bekommt eine Taschenlampe und einen kleinen Gegenstand.
- In einem verdunkelten großen Raum verteilen sich mindestens 8 (alternativ 12, 16 oder 20) Spieler.
- Auf ein Signal hin versuchen alle Spieler, sich anhand gleicher Gegenstände zu einem Quartett zusammenzufinden. Dabei darf nicht gesprochen werden, aber die Gegenstände dürfen mit der Taschenlampe angeleuchtet werden. Wer spricht, ruft oder in die Augen leuchtet, muss für eine Runde aussetzen.
- Das Spiel ist zu Ende, wenn sich alle Quartette gefunden haben.

Spiel: Lichtwerfer

Material pro Gruppe:

- 6 leere Konservendosen
- Taschenlampe
- Softball

So wird's gemacht:

- Die Dosen werden in einiger Entfernung von der Gruppe zu einer Pyramide aufgestellt.
- Der Raum wird verdunkelt und die Mitspieler stellen sich der Reihe nach auf. Der erste Spieler leuchtet die Dosen mit der Taschenlampe an.
- Bevor er mit dem Ball auf die Dosen zielt, wird die Lampe ausgeschaltet.
- Gewinner ist der, der die meisten Dosen umgeworfen hat.

10. Dezember

Der verschwundene Schlüssel

Katja hüpft fröhlich neben Mama über die Gehwegplatten. Heute war es im Kindergarten richtig schön. Katja hat mit einigen anderen Kindern in der Kuschelecke gespielt. Das hat Spaß gemacht.

Plötzlich hören sie lautes Babyweinen. Vor der Haustür steht Frau Liebig. Malte, ihr kleiner Sohn, sitzt im Kinderwagen und schreit. Sein Gesicht ist schon ganz rot. Frau Liebig sieht sehr nervös aus. Sie sucht verzweifelt in ihren Taschen.

„Was ist denn passiert?“, fragt Mama. „Können wir Ihnen helfen?“

„Mein Schlüssel ist verschwunden!“ Frau Liebig ist furchtbar aufgeregt. „Ich komme gerade vom Einkaufen und jetzt ist er weg. Wie schrecklich! Malte ist so hungrig und ich kann nicht in unsere Wohnung. Wo kann denn der Schlüssel bloß sein?“ Sie nimmt den weinenden Malte auf den Arm, aber er lässt sich nicht trösten. Sein Schreien wird immer lauter.

„Kommen Sie doch erst einmal mit zu uns“, schlägt Mama vor. „Ich habe bestimmt noch eine Banane. Die kann Malte essen und dann müssen wir eben den Schlüsseldienst holen.“

Wer weiß, was ein Schlüsseldienst ist? Mussten eure Eltern auch schon einmal den Schlüsseldienst rufen?

„Mama“, sagt Katja, „ich bleibe noch draußen und suche den Schlüssel. Vielleicht hat Frau Liebig ihn ja vor der Haustür verloren.“

Mama ist einverstanden. „Mach das, mein Schatz“, sagt sie und trägt mit Frau Liebig den Kinderwagen mit dem weinenden Malte ins Haus.

Katja schaut sich um. Wo könnte der Schlüssel sein? Vor der Haustür liegt er nicht. Da hätte Frau Liebig ihn sicher sofort gefunden. Bei den Mülltonnen ist er auch nicht. Langsam geht Katja den Gehweg entlang. Sie schaut die ganze Zeit auf den Boden, links und rechts. Aber nirgends kann sie einen Schlüssel entdecken. Pardauz!

„Hoppla!“, sagt ein alter Herr. „Du musst schon aufpassen, wohin du läufst!“

Wie peinlich! Katja ist einfach gegen den Herrn gerannt. Sie hat ihn vor lauter Schlüsselsuchen gar nicht gesehen.

„Entschuldigung“, sagt Katja leise und schon richtet sich ihr Blick wieder auf den Boden.

„Keine Ursache“, lacht der alte Herr und geht weiter.

Da fällt Katjas Blick auf etwas Glänzendes im Rinnstein.

Was ist ein Rinnstein?

Ihr Herz macht einen kleinen Hüpfer. Dort liegt – ein Schlüssel! Das ist bestimmt der Schlüssel von Frau Liebig! Katja hebt ihn auf und rennt wie der Wind nach Hause. Außer Atem klingelt sie.

Frau Liebig freut sich sehr, als Katja ihr den Schlüssel gibt. „Vielen Dank, Katja! Du bist ein Engel“, sagt sie erleichtert.

„Dadja Ennel!“, kräht Malte mit bananenverschmiertem Mund. Er sieht sehr zufrieden aus.

Malte kann noch nicht richtig sprechen. Was, meint ihr, will er sagen?

„Es ist so schön, dass Sie hier eingezogen sind“, sagt Frau Liebig zu Mama. „Seit Katja hier durchs Haus hüpft, habe ich endlich ein paar meiner Nachbarn kennengelernt!

Zusammenfassung

Frau Liebig hat ihren Schlüssel verloren. Katjas Mama nimmt Frau Liebig und Malte erst einmal mit zu sich nach Hause. Dort bekommt der hungrige Malte eine Banane. Währenddessen sucht Katja auf dem Gehweg nach dem Schlüssel. Zum Glück findet sie ihn ziemlich schnell. Frau Liebig freut sich sehr. Sie ist froh, dass Katja und ihre Familie in das Hochhaus eingezogen sind.

Schlüsselanhänger (Raupe)

Material pro Kind:

- eine große Holzperle und mindestens vier kleine Perlen
- Lederreste (oder Filz- oder Stoffreste)
- ca. 25 cm stabile Schnur oder Lederband
- Bleistift, Schere, Klebstoff
- Lochzange
- wasserfester Stift
- Schlüsselring

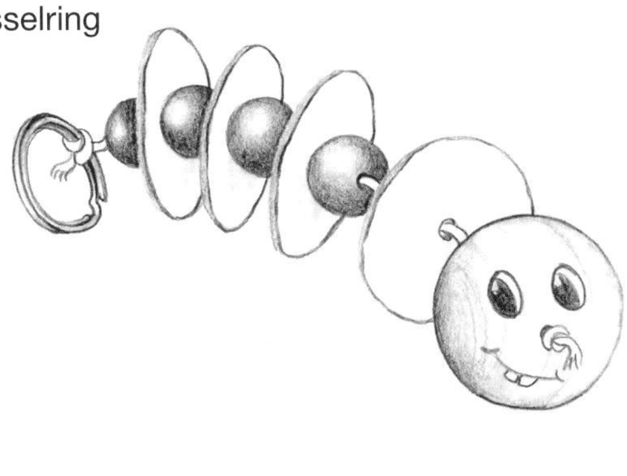

So wird's gemacht:

- Das eine Ende der Schnur fest verknoten und die große Holzperle für den Kopf der Raupe auffädeln.
- Mit dem Bleistift vier Kreise (Durchmesser etwa identisch mit der Größe der Kopfperle) auf das Leder zeichnen, ausschneiden und mit der Lochzange je ein Loch in die Mitte stanzen.
- Abwechselnd Lederkreise und Perlen als Körper hinter dem Kopf der Raupe auffädeln.
- Nun das andere Ende der Schnur an einem Schlüsselring festknoten. Den überstehenden Rest der Schnur abschneiden.
- Abschließend kann auf die große Perle mit einem wasserfesten Stift ein Gesicht gemalt werden. Fertig ist der Schlüsselanhänger.

Die Raupe kann auch als Schmuck für die Kindergarten- bzw. Schultasche verwendet werden.

11. Dezember

Was ist los im Treppenhaus?

Katja sitzt neben Mama auf dem Sofa. Heute Vormittag war sie mit ihrer Kindergartengruppe auf dem Spielplatz. Sie ist geklettert, sie hat geschaukelt. Sie haben Fangen und Verstecken gespielt und Räuber und Polizei. Das war toll, aber jetzt ist Katja ein bisschen müde. Deshalb ist es besonders schön, dass Mama Zeit hat und eine Weihnachtsgeschichte vorliest. Katja hört aufmerksam zu, als es plötzlich im Treppenhaus klickert und klackert: Klacker-di-klicker-di-klack – klack – klack – klick!

Wer kann das ohne Fehler am schnellsten nachsprechen?

Mama runzelt die Stirn: „Was ist das denn für ein Lärm?"

„Oh nein!", ruft eine Frauenstimme ärgerlich. Katja springt auf und rennt zur Wohnungstür. Katja und Jorick reißen ihre Türen gleichzeitig auf. Jorick will nämlich auch wissen, was los ist.

Was könnte im Treppenhaus passiert sein? Was könnte das für ein komisches Geräusch sein?

„Huch!", sagt Katja und schaut auf viele Walnüsse, die die Treppen hinunterrollen und -springen. „Wo kommen die denn her?"

„Von oben", erklärt Jorick. In diesem Moment rennen drei Menschen die Treppe hinunter: ein großer, ein mittelgroßer und ein kleiner Mensch.

„Hallo, Nina!", ruft Jorick. „Was ist denn passiert?"

Der mittelgroße Mensch ist ein Mädchen. Sie heißt Nina und ist schon zehn Jahre alt. „Die blöde Tüte ist gerissen", sagt Nina und sammelt zusammen mit ihrer Mutter, Frau Martens, und ihrer kleinen Schwester Nele die Walnüsse auf.

„Nuss, hoppa!", ruft eine fröhliche Kinderstimme von oben und – klacker-di-klicker-di-klack – klack – klack – klick! – kullern weitere Walnüsse durchs Treppenhaus.

„Oh nein! Das ist Nils! Er wirft die restlichen Nüsse hinunter!", stöhnt Frau Martens. „Schafft ihr das alleine, Nina? Nele?"

Die beiden Mädchen nicken und Frau Martens eilt die Treppe wieder hinauf, um ihren kleinen Sohn daran zu hindern, unermüdlich weitere Nüsse durchs Treppenhaus zu werfen.

„Wir helfen euch!", sagt Katja zu Nina und bückt sich. Jorick rennt sogar die Kellertreppe hinunter. Bis dorthin sind die Nüsse gekullert. Zu viert haben sie die verstreuten Walnüsse aber schnell eingesammelt.

„Danke!", sagt die kleine Nele und strahlt. „Die Nüsse sind für mein Lieblingsmüsli."

„Ja", sagt Nina, „wir frühstücken nämlich gleich. Wollt ihr mitessen?"

„Ihr frühstückt am Nachmittag?", fragt Jorick verdutzt. „Warum denn das? Habt ihr verschlafen?"

Nina und Nele kichern. „Nein! Wir haben nicht verschlafen, aber wenn Papa Nachtschicht hat, dann frühstücken wir immer am Nachmittag noch einmal mit ihm zusammen."

Was ist eine Nachtschicht? Hat jemand von euch einen Papa oder eine Mama, die nachts arbeiten?

Katja und Jorick nehmen die Einladung zum Frühstück am Nachmittag gern an. Bei Familie Martens ist es sehr gemütlich. Auf dem Tisch steht ein Adventskranz und Neles Lieblingsnussmüsli schmeckt prima.

Zusammenfassung
Beim Vorlesen werden Mama und Katja von Lärm im Treppenhaus gestört. Frau Martens kommt mit ihren Kindern Nina, Nils und Nele vom Einkaufen. Als eine Tüte reißt, kullern viele Walnüsse durch das Treppenhaus. Katja und Jorick helfen beim Einsammeln der Nüsse und werden zum Dank zum Frühstück eingeladen. Herr Martens arbeitet nachts, deshalb isst die Familie am Nachmittag zusammen.

Weihnachtliches Tischset

Material pro Kind:
- Tonpapier bzw. Pappe im Format DIN A3
- Bleistift
- Schere (oder Prickelnadel und Filz als Unterlage)
- Wachsmalstifte, Sticker oder Glitzersand
- Laminiertaschen (DIN A3) und Laminiergerät

So wird's gemacht:
- Eine möglichst große Sternform mit Bleistift auf die Pappe übertragen (am besten dafür eine Schablone anfertigen).
- Aufgezeichnete Form ausschneiden oder prickeln.
- Stern mit Wachsmalstiften, Stickern oder Glitzersand frei gestalten und für eine bessere Haltbarkeit laminieren.

Tipp:
Nutzen Sie die Tischsets bei einem gemeinsamen Adventsfrühstück.

12. Dezember

Witzige Geschenke

Das Adventsfrühstück gestern Nachmittag bei Familie Martens war toll. Jorick und Nina haben Witze erzählt und sogar der kleine Nils hat Quatsch gemacht. Katja musste lachen, bis ihr Bauch wehtat. Am liebsten würde sie heute gleich wieder mit Jorick, Nina, Nele und Nils spielen.

Als Katja noch überlegt, ob sie bei Jorick klingeln soll, läutet es. Vor der Tür stehen Nele, Nina und Jorick.

„Kommst du mit zu den Jungs?“, fragt Nele.

Zu den Jungs? Katja kennt die Jungs nicht.

„Wo wohnen die?“, erkundigt sie sich. „Und wer sind sie überhaupt?“

„Lars und Sven Schoch“, erklärt Jorick und Nina fügt hinzu: „Die wohnen mit ihrem Vater in der Wohnung neben uns. Sven geht in meine Klasse. Und Lars geht in Joricks Klasse.“

Was glaubt ihr, wie alt Sven und Lars sind?

Mama hat nichts dagegen, dass Katja mit zu Lars und Sven geht, und so rennt sie mit den anderen die Treppe bis in den vierten Stock hinauf. Auf ihr Klingeln öffnen zwei rothaarige, sommersprossige Jungen die Tür. Sie sehen wie verschieden große Zwillinge aus. Katja überlegt. Der größere der beiden ist bestimmt Sven und der kleinere Lars.

„Wer ist das denn?“, fragt Lars und zeigt auf Katja.

„Das ist Katja, sie wohnt im Erdgeschoss“, erzählt Jorick. „Sie ist sehr nett.“

Katja wird rot.

Warum wird Katja rot?

In diesem Moment kommt ein Mann aus der Küche. Man erkennt gleich, dass es der Papa von Lars und Sven ist. Er hat die gleichen roten Haare und die gleichen Sommersprossen.

„Guten Tag, Herr Schoch“, sagt Katja höflich.

„Hallo, Katja!“, lacht der Mann. „Aber sag nicht Herr Schoch zu mir. Ich fühle mich dann so alt!“

„Unser Papa heißt Martin!“, ruft Sven. „Spielst du mit uns, Papa?“

„Na klar!“, sagt Martin Schoch. „Was wollen wir denn spielen?“

„Geschenke flüstern!“, jubelt Nele. „Das ist so witzig!“

Und dann sitzen sie alle im Kinderzimmer auf dem Fußboden im Kreis und jeder muss seinem linken Nachbarn ein Geschenk ins Ohr flüstern. Dieses Geschenk muss man sich merken. Dann muss jeder seinem rechten Nachbarn ins Ohr flüstern, was er mit dem Geschenk tun soll. Schließlich muss jeder laut sagen, was er geschenkt bekommen hat und was er mit dem Geschenk tun soll.

Katja kichert: „Ich habe Schlittschuhe bekommen und soll damit eine Torte backen!“

Martin stöhnt: „Ich habe einen Staubsauger bekommen und soll damit meine Haare schneiden."

Nele hat eine Halskette bekommen, mit der sie den Garten umgraben soll, und Nina soll mit ihren neuen Buntstiften den Kühlschrank reparieren. Jorick soll mit einem Lutscher Fieber messen, Lars soll seinen Wellensittich in der Waschmaschine waschen und Sven soll sein neues Fahrrad zum Kinderarzt bringen.

Als Jorick und Katja am Abend nach Hause laufen, sagt Katja: „Lars und Sven haben es gut. Mein Papa ist so selten zu Hause. Er spielt fast nie mit mir."

„Martin ist arbeitslos", erklärt Jorick. „Deshalb hat er so viel Zeit. Aber dafür haben die Schochs nicht viel Geld. Zu Weihnachten bekommen Lars und Sven immer nur ganz kleine Geschenke."

Zusammenfassung

Katja besucht mit Jorick, Nina und Nele im vierten Stock Martin Schoch und seine Söhne Lars und Sven. Da Martin Schoch arbeitslos ist, hat er viel Zeit, mit den Kindern zu spielen. Sie spielen den ganzen Nachmittag zusammen. Besonders gut gefällt Katja das lustige Spiel „Geschenke flüstern".

Spiel: Geschenke flüstern

So wird's gemacht:

- Die Kinder sitzen im Kreis.
- In der ersten Runde flüstert jeder seinem rechten Nachbarn ein originelles Geschenk ins Ohr.
- In der zweiten Runde flüstert jeder seinem linken Nachbarn ins Ohr, was er mit seinem Geschenk machen soll.
- In der abschließenden Runde verrät jeder, welches Geschenk er bekommen hat und was er damit anstellen soll. Dabei entstehen lustige Zusammenstellungen wie: „Ich habe ein U-Boot geschenkt bekommen und soll damit den Rasen mähen." Oder: „Ich habe einen Schal geschenkt bekommen und soll damit meine Oma anrufen."

13. Dezember

Die Einkäufer

Am nächsten Tag würde Katja am liebsten mit allen Kindern spielen, die sie in dem neuen Hochhaus schon kennengelernt hat. Aber außer Jorick hat heute keiner Zeit. Sven und Lars gehen zum Fußballtraining. Nina übt Klavier und Nele hat Ballettunterricht. Mit dem kleinen Malte von Frau Liebig kann man noch nicht richtig spielen, auf den kann man höchstens aufpassen, und Nils ist mit einem Freund aus seinem Kindergarten verabredet.

„Wollen wir draußen Ball spielen?", schlägt Jorick vor und Katja findet, dass das eine gute Idee ist. Sie rennen die Treppen hinunter und können gerade noch rechtzeitig bremsen. Beinahe hätten sie die alte Frau Kuhn umgerannt. Frau Kuhn geht sehr langsam die Treppen hinunter. Sie hat einen schlimmen Fuß, deshalb humpelt sie. In der einen Hand trägt sie ihren Stock und einen Einkaufsbeutel, mit der anderen Hand hält sie sich am Geländer fest.

„Guten Tag!", ruft Katja und Jorick hält die Haustür für Frau Kuhn auf.

„Danke, ihr beiden!", sagt Frau Kuhn. Sie bleibt stehen, stützt sich auf ihren Stock und atmet schwer.

„Oh weh, mein Fuß!", stöhnt sie und lehnt sich an die Hauswand.

„Wo müssen Sie denn hin?", fragt Katja. Frau Kuhn tut ihr leid.

„Ach", sagt die alte Frau, „mein Mann geht ja sonst immer einkaufen, weil ich so schlecht zu Fuß bin. Aber er ist erkältet und hat sogar ein wenig Fieber. Er hat sich hingelegt. Deshalb muss ich heute zum Supermarkt gehen. Wir brauchen Milch, Brot und Butter."

Jorick schaut Katja an. Katja schaut Jorick an. Es ist ganz klar: Sie haben die gleiche Idee.

Was könnten Katja und Jorick für eine Idee haben?

„Wir können für Sie zum Supermarkt gehen", schlägt Katja vor und Jorick nickt. Frau Kuhn ist gerührt.

„Das würdet ihr für mich tun?", fragt sie.

„Na klar", sagt Jorick. „Wir haben jede Menge Zeit."

Frau Kuhn erklärt den beiden genau, was sie besorgen sollen, und gibt ihnen den Einkaufsbeutel und etwas Geld. Wie gut, dass Jorick schon gut rechnen kann!

Auf dem Rückweg vom Supermarkt tragen sie den Beutel mit der Milch, dem Brot und der Butter immer abwechselnd. Weil das Wetter so schön ist, machen sie einen kleinen Umweg durch den Park. Als sie am Teich vorbeikommen, bückt Jorick sich plötzlich. Er hebt einige kleine dunkle Zapfen auf.

„Die sehen ja witzig aus. Was ist das denn?", fragt Jorick.

„Das sind Erlenzapfen!", erklärt Katja.

Habt ihr schon einmal Erlenzapfen gesehen? Was kennt ihr noch für Baumzapfen?

Mit Erlenzapfen kennt Katja sich aus. Hinter Omas und Opas Haus fließt nämlich ein Bach und dort wachsen viele Erlen. Als Katja noch dort wohnte, hat sie im Winter immer Erlenzapfen gesammelt und mit Oma Erlenzapfenringe gebastelt. Die haben sie dann an den Weihnachtsbaum gehängt.

„Wollen wir welche sammeln? Wir können daraus etwas basteln“, schlägt sie vor.

Jorick ist sofort einverstanden.

Als sie nach Hause kommen und die Einkäufe bei Frau Kuhn abliefern, sind ihre Hosentaschen voller Erlenzapfen und sie haben damit noch eine Menge vor.

Zusammenfassung

Katja und Jorick erledigen die Einkäufe für Frau Kuhn, eine alte Hausbewohnerin. Frau Kuhn hat einen schlimmen Fuß und kann nicht gut laufen. Ihr Mann, der sonst immer einkaufen geht, ist krank. Auf dem Rückweg vom Supermarkt machen die Kinder einen kleinen Umweg durch den Park und finden viele Erlenzapfen, aus denen sie Erlenzapfenringe basteln wollen.

Erlenzapfenring

Material pro Kind:

- 7 Erlenzapfen
- 7 rote Holzperlen (Durchmesser ca. 8 mm)
- Blumendraht
- Schere
- Faden zum Aufhängen
- evtl. Teller und Kerze, wenn der Zapfenring als Tischschmuck genutzt werden soll

So wird's gemacht:

- Ein langes Stück Blumendraht abschneiden.
- Ein Ende des Drahts am unteren Ende eines Zapfens befestigen, sodass er nicht mehr abfallen kann.
- Eine Perle auf den Draht aufziehen und nun im Wechsel Erlenzapfen und Perlen aufreihen.
- Um den Ring zu schließen, wird das Drahtende um den ersten Zapfen gewickelt und abgeschnitten.

Tipps:

Erlenzapfenring auf einen Teller legen und eine Kerze in die Mitte stellen. So hat man einen schönen Tischschmuck.

Wenn man einen Faden an dem Erlenzapfenring befestigt, kann man ihn an den Weihnachtsbaum hängen.

14. Dezember

Der Winter kommt zu Herrn Voss

Katja hat gerade bei Jorick geläutet. Als ihr Freund öffnet, kommt ein junger Mann die Treppe herauf. Es ist der Zivi, der immer die Lebensmittel zu Joricks Nachbarn bringt. Er hat einen Schlüssel für die Wohnung. Katja möchte zu gerne wissen, wer in dieser Wohnung wohnt.

„Hallo, ihr beiden!“, sagt der Zivi und schließt auf. „Seid ihr die Nikoläuse, die die Honigkuchen für Herrn Voss gebracht haben?“ Die Kinder nicken.

Erinnert ihr euch noch daran, was ein Zivi ist?

„Wohnt Herr Voss hier ganz allein?“, erkundigt sich Katja.

„Ja, er hat keine Verwandten. Er kann nicht mehr laufen und sitzt im Rollstuhl. Er ist sehr nett. Wollt ihr ihn kennenlernen?“, fragt der junge Mann.

Warum nicht? Katja und Jorick sind neugierig.

Als der Zivi die Wohnungstür öffnet, fährt ein alter Mann im Rollstuhl in den Flur.

„Hallo, Jens“, sagt er freundlich.

„Hallo, Herr Voss“, ruft Jens und zeigt auf Katja und Jorick. „Ich habe Besuch mitgebracht.“

„Oh, wie nett! Besuch bekomme ich selten. Kommt herein, ihr beiden!“, sagt Herr Voss und rollt ins Wohnzimmer.

„Geht ruhig hinein“, sagt Jens. „Ich bringe euch Apfelsaft.“

Wenig später sitzen Katja und Jorick bei Herrn Voss auf dem Sofa und trinken Apfelsaft. Jens ist im Supermarkt. Er hat von Herrn Voss eine lange Einkaufsliste bekommen.

Katja schaut sich um. Bei Herrn Voss sieht es überhaupt nicht weihnachtlich aus.

„Ich komme gleich wieder“, sagt sie plötzlich und lässt Jorick und Herrn Voss allein. Sie rennt nach Hause und leiht sich von Mama ein paar kleine Holzengel, den Nussknacker und eine bunte Weihnachtsserviette.

„Wo warst du denn?“, fragt Jorick, als Katja wieder neben ihm auf dem Sofa sitzt.

„Ich hab nur schnell etwas geholt!“, lacht Katja. Sie legt die Serviette auf den Tisch und stellt die Figuren darauf. Jetzt ist der Advent auch bei Herrn Voss angekommen.

„Oh, schaut mal!“, ruft Jorick und zeigt aus dem Fenster. „Es schneit!“

Tatsächlich – draußen wirbeln weiße Flocken. Jorick rennt zum Fenster und schaut hinaus.

„Soll ich Sie hinschieben?“, fragt Katja Herrn Voss.

„Das wäre sehr nett“, sagt der alte Mann.

Und dann blicken die drei in die tanzenden Schneeflocken hinaus. Es ist schon dämmerig und die Straßenlaternen brennen. Auf den Gehwegen glitzert eine dünne Schneedecke.

„Vielleicht können wir bald Schlitten fahren“, meint Katja sehnsüchtig.

Was würdet ihr gerne machen, wenn draußen Schnee liegt?

„Ich bin früher Ski gelaufen", erzählt Herr Voss. „Das hat Spaß gemacht. Schade, dass ich nur noch so selten hinauskomme." Alle schweigen traurig.

Plötzlich sagt Katja: „Wenn Sie nicht mehr nach draußen zum Winter kommen können, dann bringen wir den Winter einfach zu Ihnen in die Wohnung." Katja hat nämlich im Kindergarten ein Winterlied gelernt. Sie summt es leise.

„Das kenne ich!", ruft Jorick. Und schon singen Katja und Jorick für Herrn Voss: „Durchs verschneite Wäldchen laufen und im Schnee mit Freunden raufen ..."

Zusammenfassung

Katja und Jorick treffen den Zivi Jens, der die Einkäufe für Herrn Voss erledigt. Jens stellt die Kinder dem alten Mann im Rollstuhl vor. Katja holt zu Hause eine Weihnachtsserviette und ein paar Holzfiguren, damit es auch in Herrn Voss' Wohnung adventlich wird. Dann fängt es draußen an zu schneien. Herr Voss erinnert sich an früher, als er noch Ski laufen konnte, und wird traurig. Da bringen Katja und Jorick mit einem Winterlied den Winter zu Herrn Voss in die Wohnung.

Ein Winter-Bewegungslied

Material:

- Kopie der Vorlage von Seite 56 und Beschreibung unten

So wird's gemacht:

Refrain:	Bewegungen zum Refrain:
Durchs verschneite Wäldchen laufen	*auf der Stelle laufen*
und im Schnee mit Freunden raufen.	*pantomimisch boxen*
Talwärts mit dem Schlitten brausen,	*in die Hocke gehen, mit den Händen den imaginären Schlitten packen und sich abwechselnd nach rechts und links beugen*
übers blanke Eis hinsausen.	*weit ausholende Schlittschuhschritte machen*
Kugeln für den Schneemann rollen,	*eine große Kugel mit den Händen andeuten*
über weiße Wiesen tollen.	*hüpfen und die Arme in die Luft strecken*

15. Dezember

Hilfe, ein Einbrecher!

Über Nacht hat es weiter geschneit. Jetzt liegt eine weiße Decke auf den Wegen. Katja baut einen Schneemann.

Plötzlich kommt Jorick aus dem Haus gerannt. „Ein Einbrecher!", keucht er. „Bei Herrn Richter! Er klaut den Fernseher!"

Jorick zieht Katja hinter die Mülltonnen.

„Ich wollte zu Lars und Sven hinaufgehen, da kam er aus der Wohnung von Herrn Richter", flüstert Jorick. „Herr Richter ist nicht zu Hause. Er ist beim Zahnarzt. Ich habe ihn getroffen. Da hat er es mir erzählt."

In diesem Moment geht die Haustür auf. Ein starker Mann kommt aus dem Haus. Mühelos trägt er einen großen Fernseher. Katja hält den Atem an. Hoffentlich entdeckt er sie nicht. Der Mann sieht nicht freundlich aus. Er atmet schwer und geht zu einem Lieferwagen, der mit offenen Türen vor dem Haus parkt.

„Merk dir, wie er aussieht!", sagt Jorick leise. „Ich schau mal nach dem Autokennzeichen."

Wisst ihr, was ein Autokennzeichen ist?

Der Mann wuchtet den Fernseher in den Lieferwagen. Jorick schleicht sich hinter ein parkendes Auto. Von dort kann er das Nummernschild des Lieferwagens lesen.

Katjas Herz klopft laut. Eben war sie noch ein kleines Mädchen, das einen Schneemann gebaut hat, und nun ist sie plötzlich eine Detektivin. Sie beobachtet den Mann. Seine Schuhe sind schwarz. Der Anzug ist blau. An seinem Gürtel hängt ein Handy. Aus der hinteren Hosentasche ragt ein roter Schraubenziehergriff. Der Einbrecher hat schwarze Haare und einen Schnurrbart. Das kann Katja sich gut merken. Rums! Der Einbrecher knallt die hinteren Autotüren zu. Er klettert auf den Fahrersitz. Rums! Jetzt ist auch die Fahrertür zu. Er gibt Gas und fährt los.

Jorick läuft zu Katja und zieht ein Notizbuch und einen Bleistiftstummel aus der Hosentasche. „Wir müssen alles aufschreiben!", sagt er. „Zuerst die Autonummer!"

Er kritzelt in das Büchlein. Was für ein Glück, dass Jorick lesen und schreiben kann! Dann will Jorick wissen, wie der Einbrecher aussah.

Seid ihr gute Detektive? Habt ihr euch gemerkt, wie der verdächtige Mann aussah?

Katja zählt auf: „Schwarze Schuhe, blauer Arbeitsanzug, Handy am Gürtel, Schraubenzieher mit rotem Griff, schwarze Haare, Schnurrbart."

Während Jorick alles in sein Notizbuch schreibt, kommt Herr Richter den Gehweg entlang.

„Herr Richter!", rufen die Kinder und rennen ihm entgegen.

„Der Fernseher ist weg!", keucht Jorick.
„Im Lieferwagen", erklärt Katja.
„Er hat ihn geklaut!", fügt Jorick hinzu.
„Aber Jorick hat alles aufgeschrieben!", sagt Katja.
„Wir müssen schnell zur Polizei!", drängelt Jorick.
Herr Richter schaut von Katja zu Jorick und von Jorick zu Katja.
„Was ist passiert? Der Fernseher hat den Lieferwagen geklaut? Und jetzt sind sie beide weg?", fragt er verwirrt.
„Nein!" Katja versucht, alles in Ruhe zu erklären. „Da war ein Einbrecher in Ihrer Wohnung. Der hat den Fernseher geklaut und ist mit dem Lieferwagen weggefahren!"
„Genau!", sagt Jorick und hält sein Notizbuch hoch. „Und jetzt müssen wir zur Polizei. Die findet den Dieb bestimmt schnell. Wir haben alles aufgeschrieben."
„Immer mit der Ruhe." Herr Richter muss lachen. Katja wundert sich. Findet Herr Richter es etwa lustig, dass ein Einbrecher seinen Fernseher geklaut hat?
„Ich habe dem Techniker meinen Hausschlüssel gegeben, damit er den kaputten Fernseher abholen kann, wenn ich beim Zahnarzt bin", sagt Herr Richter.
Jorick und Katja machen große Augen. Die ganze Aufregung war umsonst. Der Einbrecher war gar keiner!

Zusammenfassung
Katja und Jorick beobachten, wie ein Mann einen Fernseher aus der Wohnung von Herrn Richter holt, der nicht zu Hause ist. Sie vermuten, dass es sich um einen Einbrecher handelt. Deshalb vermerkt Jorick das Autokennzeichen und eine Beschreibung des Manns in seinem Notizbuch. Als Herr Richter zurückkommt, erklärt er den Kindern, dass der Techniker einen Schlüssel hatte, um seinen kaputten Fernseher abzuholen.

Weihnachtsmarkt-Wimmelbild

Material pro Kind:
- Kopie der Vorlage von Seite 57
- Buntstifte

So wird's gemacht:
- Bild ausmalen und im Erzählkreis darüber sprechen, was an welcher Stelle zu sehen ist. Auch ein paar Bewohner des Hochhauses sind auf dem Weihnachtsmarkt unterwegs.

16. Dezember

Zwillinge, hurra!

Katja baut ihren zweiten Schneemann. Er wird noch schöner als der erste. Schade, dass Jorick keine Zeit hat. Er wird am Heiligen Abend im Weihnachtsgottesdienst beim Krippenspiel mitmachen und heute ist Probe. Jorick ist schon ziemlich aufgeregt. Er spielt den Josef, das ist eine wichtige Rolle.

Was ist ein Krippenspiel? Habt ihr schon einmal bei einem Krippenspiel zugeschaut oder mitgemacht?

Katja setzt ihrem Schneemann gerade eine Mütze auf, als Herr Stern die Haustür für seine Frau aufhält. Frau Stern kommt mit ihrem dicken Babybauch langsam aus dem Haus. Sie atmet schwer und sieht ein bisschen blass aus. Herr Stern ist ziemlich aufgeregt.

„Die Babys kommen!“, sagt er. „Wir fahren ins Krankenhaus.“

Er trägt einen kleinen Koffer und schaut sich um. „Wo bleibt denn das Taxi?“, fragt er nervös.

In diesem Augenblick kommt ein Taxi um die Ecke und hält vor dem Hochhaus. Herr und Frau Stern steigen ein.

Seid ihr schon einmal mit einem Taxi gefahren?

Frau Stern winkt und Katja ruft: „Viel Glück!“

Dann rennt sie schnell nach oben. Sie muss Mama die Neuigkeit erzählen, deshalb klingelt sie Sturm.

„Mama! Mama! Herr Stern hat gesagt, dass die Babys kommen!“, ruft Katja, als Mama die Wohnungstür öffnet. „Sie sind ins Krankenhaus gefahren.“

„Die Babys?“, fragt Mama. „Bekommen Sterns etwa Zwillinge?“

„Herr Stern hat zu mir gesagt, dass die Babys kommen“, erklärt Katja. „Also müssen es Zwillinge sein.“

Mama lächelt: „Zwei Babys so kurz vor Weihnachten. Das sind ja fast richtige Christkinder!“

„Wie lange dauert es denn jetzt noch, bis die Babys da sind?“, will Katja wissen. Sie kann es kaum erwarten.

„Das wird noch ein Weilchen dauern“, meint Mama. „Aber morgen sind die beiden sicher geboren.“

„Ach, das ist blöd“, bedauert Katja. „Bis morgen ist es noch so lange.“

Als Katja am Abend im Bett liegt, kommt Papa noch einmal zu ihr ins Zimmer.

„Schläfst du schon?“, fragt er leise.

„Noch nicht ganz“, murmelt Katja müde.

„Herr Stern ist da", sagt Papa. „Er sitzt bei Mama im Wohnzimmer und trinkt Weihnachtstee."

Hellwach setzt Katja sich im Bett auf: „Sind die Babys jetzt da?"

„Ja", antwortet Papa und lächelt.

„Darf ich noch mal aufstehen?", fragt Katja aufgeregt.

„Na klar!", sagt Papa.

Wenig später sitzt Katja auf dem Sofa im Wohnzimmer und nippt an einem Becher Weihnachtstee.

„Ein Junge und ein Mädchen", erzählt Herr Stern. „Es geht ihnen gut! Und meiner Frau auch! Die Kleinen sind entzückend. Die schönsten Kinder, die es gibt!"

Er hat im Krankenhaus mit seiner Digitalkamera Fotos von den Zwillingen gemacht. Die zeigt er nun Katja und ihren Eltern. Die Bilder auf der Kamera sind klein, aber Katja kann genau erkennen, wie niedlich die beiden Babys sind. Sie haben ziemlich viele dunkle Haare und sehen ein bisschen zerknautscht aus. Die Zwillinge sind so süß!

In dieser Nacht hat Katja einen besonders schönen Traum: Sie träumt von zwei niedlichen Babys mit dunklen Haaren.

Zusammenfassung

Jorick ist bei der Probe für das Krippenspiel am Heiligen Abend und Katja baut einen Schneemann, als Herr und Frau Stern mit dem Taxi ins Krankenhaus fahren, weil ihre Babys kommen. Katja und Mama wussten nicht, dass das Ehepaar Stern Zwillinge bekommt. Am Abend besucht Herr Stern Katja und ihre Eltern noch einmal. Er trinkt mit ihnen Weihnachtstee und zeigt Fotos von den Babys.

Weihnachtstee

Zutaten für 10 Portionen:

- 600 ml Wasser
- 2 Beutel Rotbuschtee
- 200 ml roter Traubensaft
- 400 ml Orangensaft
- 1 Päckchen Vanillezucker
- 1 Messerspitze Zimt
- etwas brauner Kandiszucker (nach Geschmack)

So wird's gemacht:

- Teebeutel mit kochendem Wasser in einem Topf übergießen und drei Minuten ziehen lassen.
- Traubensaft, Orangensaft und ggf. Kandis dazugeben und kurz aufkochen.
- Vanillezucker und Zimt unterrühren. Fertig!

17. Dezember

Wo ist Miu?

Auf dem Heimweg vom Kindergarten sieht Katja schon von Weitem, dass vor dem Hochhaus etwas los ist. Jorick und eine Frau, die Katja nicht kennt, laufen hin und her. Sie scheinen etwas zu suchen.

Als Katja und Mama näherkommen, hören sie die Frau rufen: „Miu! Miu! Wo bist du? Komm zu mir, Miu!“

„Was ist passiert?“, will Katja gleich von Jorick wissen.

„Die Katze von Frau Lanz ist verschwunden“, erklärt Jorick. „Als sie vorhin aus der Schule kam, war Miu weg.“

Katja schaut die Frau mit offenem Mund an. Sie ist doch schon erwachsen. Wieso geht sie noch in die Schule?

Warum geht Frau Lanz noch in die Schule? Habt ihr eine Vermutung, welchen Beruf sie hat?

„Mach den Mund zu!“, flüstert Jorick, während Frau Lanz hinter den Mülltonnen nach ihrem Kätzchen sucht.

„Wieso geht Frau Lanz in die Schule?“, fragt Katja leise. „Sie ist doch schon groß!“

Jorick lacht. „Frau Lanz ist Lehrerin. Sie unterrichtet an meiner Schule unsere Parallelklasse“, erklärt er Katja.

Frau Lanz dreht sich zu den Kindern um.

„Ja“, sagt sie, „ich bin Lehrerin. Und ich habe heute noch viel zu tun. Ich muss den Unterricht für morgen vorbereiten. Meine Klasse ist im Augenblick so laut und unruhig. Das macht sicher die Aufregung vor Weihnachten. Ich wollte mir in aller Ruhe ein paar Stille-Spiele überlegen, die ich morgen mit den Kindern spielen kann. Und jetzt ist Miu verschwunden! Mein süßes Kätzchen. Als ich aus der Schule kam, war sie nicht in der Wohnung. Ich muss Miu unbedingt finden. Hoffentlich ist ihr nichts passiert. Stellt euch nur vor, wenn sie auf die Straße gelaufen ist …“

Frau Lanz muss fast weinen.

Was befürchtet Frau Lanz? Was könnte Miu passiert sein?

„Läuft Miu manchmal weg?“, fragt Mama und legt Frau Lanz einen Arm um die Schulter.

„Nein. Nie!“, murmelt die Lehrerin und wischt sich über die Augen. „Sie ist noch niemals weggelaufen. Bestimmt ist etwas Schlimmes passiert.“

„Machen Sie sich keine Sorgen!“, ruft Jorick. „Wir suchen Miu! Ehrenwort!“

„Na klar“, sagt Katja, „und wir finden sie. Ich bin nämlich gut im Finden. Den Schlüssel von Frau Liebig habe ich ja auch gefunden.“

Erinnert ihr euch, wo Katja den Schlüssel gefunden hat?

„Das ist sehr lieb von euch", sagt Frau Lanz. „Ich muss jetzt wirklich den Unterricht für morgen vorbereiten. Vielen, vielen Dank, dass ihr mir helfen wollt!"

Sie geht mit Mama ins Haus.

„Und wo suchen wir nun am besten?", fragt Jorick.

Da hat Katja eine Idee …

Zusammenfassung

Frau Lanz ist verzweifelt: Ihre Katze Miu ist verschwunden. Das Tier ist noch nie weggelaufen. Katja und Jorick versprechen, Miu zu suchen. Frau Lanz, die von Beruf Lehrerin ist, freut sich sehr darüber. Jetzt kann sie den Unterricht für den nächsten Tag vorbereiten.

Spiel: Geräusche raten

Material:

- Alltagsgegenstände, mit denen Geräusche erzeugt werden können

So wird's gemacht:

- Ein Kind steht hinter einer angelehnten Tür und erzeugt mit Alltagsgegenständen (Beispiele siehe unten) verschiedene Geräusche.
- Die anderen müssen dabei ganz still sein und erraten, wie bzw. womit die Geräusche erzeugt wurden.

Beispiele:

Wasser in ein Glas gießen, mit einer Schere Papier schneiden, eine Plastiktüte zerknüllen, einen Reißverschluss oder Klettverschluss öffnen und schließen, eine Butterbrotdose öffnen und schließen, mit Schmirgelpapier reiben etc.

Spiel: Blinder Seher

Material:

- ein langes Seil oder ein Stück Kreide
- ein Tuch oder Ähnliches zum Verbinden der Augen

So wird's gemacht:

- Auf dem Boden wird ein Kreis mit einem Seil gelegt oder mit Kreide gezeichnet (Durchmesser ca. 3 m).
- Ein Kind ist der „blinde Seher" und sitzt mit verbundenen Augen in der Mitte des Kreises. Die anderen Kinder schleichen nach stummer Absprache abwechselnd vom Kreisrand heran.
- Wenn der „blinde Seher" in der Mitte etwas hört, zeigt er in die Richtung, in der er das Geräusch vermutet. Hat er recht, muss sich der/die „Ertappte" zurückziehen und ein anderes Kind versucht sein Glück. Schafft es ein Kind unbemerkt in die Kreismitte, übernimmt es die Rolle des „blinden Sehers".

18. Dezember

Eingesperrt!

„Ich glaube nicht, dass Frau Lanz schon im Keller gesucht hat“, sagt Katja.

„Im Keller!“, ruft Jorick und seine blauen Augen blitzen. „Tolle Idee!“

Die beiden rennen die Kellertreppe hinunter. Die äußere Kellertür ist offen.

„Pst!“, flüstert Katja, als sie in dem langen Gang stehen. Sie schauen sich um und lauschen. Es ist ganz still. Nichts als verschlossene Kellertüren aus Maschendraht sind zu sehen.

„Dort hinten ist der Waschkeller“, erklärt Katja.

Woher weiß Katja, wo der Waschkeller ist?

„Miu! Miu!“, ruft Jorick und schaut in jeden Kellerraum. Eine Katze ist nirgends zu sehen. Katja öffnet die Tür zum Waschkeller. Dort drinnen stehen viele Waschmaschinen und einige Wäschetrockner. Das ist alles. Keine Spur von Miu. Katja seufzt.

„Was ist denn hinter der Stahltür dort?“, will Jorick wissen. „Der Heizungskeller?“

„Vielleicht“, sagt Katja.

Jorick rüttelt an der Klinke, doch die Stahltür ist verschlossen.

„Mist! Hier ist Miu nicht!“, meint Jorick.

„Und wenn sie doch im Heizungskeller ist?“, überlegt Katja.

„Die Tür ist abgeschlossen! Wie soll sie denn da hineingekommen sein?“, fragt Jorick.

Aber Katja hockt schon vor der Stahltür und presst ihr Ohr dagegen. Da! Ein Geräusch! Ganz leise. Es klingt wie miau, miau.

Katja springt auf und ruft: „Miu ist da drinnen!“

Jorick schüttelt den Kopf. Er hört nichts.

„So ein Quatsch!“, sagt er, aber Katja rennt schon aus dem Keller. Außer Atem erreicht sie die Wohnung von Herrn Rix.

Warum läuft Katja ausgerechnet zu Herrn Rix? Wisst ihr noch, wer Herr Rix ist?

Katja klingelt Sturm. Als Herr Rix die Tür öffnet, sagt sie weder „Hallo“ noch „Guten Tag“. Sie keucht nur: „Schnell! Im Heizungskeller!“

Herr Rix stellt keine Fragen. Er schnappt sich seinen Schlüsselbund und folgt Katja in den Keller.

Als sie die Stahltür öffnen, sehen sie Miu sofort. Sie sitzt zitternd in einer Ecke und maunzt leise.

„Heute früh war ich hier unten. Ich musste etwas an der Heizung reparieren“, erzählt Herr Rix. „Wahrscheinlich ist die Katze aus der Wohnung entwischt, als Frau Lanz zur Schule fuhr. Dann ist Miu durch das Treppenhaus gelaufen – und hinter mir in den Heizungskeller geschlüpft. Ich habe sie nicht bemerkt. Und dann habe ich sie eingeschlossen, die Arme!“

Katja nimmt die Katze auf den Arm. Sie fühlt sich gut an, so weich und warm. Gemeinsam bringen Jorick und Katja Miu zurück zu Frau Lanz. Vor Freude umarmt Frau Lanz alle: Miu, Katja und sogar Jorick. Jorick wird ein bisschen rot. Er findet das Geschmuse schrecklich.

Als Mama, Papa und Katja zu Abend essen, klappert es am Briefschlitz. Katja schaut neugierig nach. Auf dem Fußboden liegt eine glitzernde Weihnachtskarte. Es ist eine Einladung von Frau Lanz zum Adventskaffee.

Zusammenfassung

Katja schlägt vor, im Keller nach der Katze Miu zu suchen. Hinter der verschlossenen Stahltür des Heizungskellers hört Katja ein leises Miauen. Die Kinder holen den Hausmeister, Herrn Rix. Als er die Tür des Heizungskellers aufschließt, entdecken sie Miu. Die Katze muss sich in den Keller geschlichen haben, als Herr Rix am Vormittag die Heizung reparierte. Versehentlich hat er sie eingeschlossen. Frau Lanz freut sich sehr, als Katja und Jorick ihr die Katze bringen. Sie lädt zum Dank mit einer schönen Karte zum Adventskaffee ein.

Weihnachtsfaltkarten

Material pro Kind:

- Kopie der Vorlagen von Seite 58 (evtl. auf farbigem Papier)
- Wachsmalstifte oder Buntstifte
- selbstklebende Glitzersterne
- Schere

So wird's gemacht:

- Beide Vorlagen ausschneiden und mit Stiften und Glitzersternen gestalten.
- Beide Karten jeweils an den gestrichenen Linien falten, sodass die Motive oben liegen.
- In die Innenseite kann ein Bild gemalt oder ein Foto geklebt werden. Schulkinder können einen kleinen Weihnachtsgruß aufschreiben.

19. Dezember

Die Babysitter

Heute hat Jorick keine Zeit, mit Katja zu spielen. Er will zusammen mit Andi auf Pia und Bente, die Kinder von Frau Helme, aufpassen. Andi ist schon älter und hilft oft als Babysitter aus. Heute ist Herr Helme auf Geschäftsreise und Frau Helme möchte ohne ihre Kinder die letzten Weihnachtseinkäufe erledigen.

Was ist eine Geschäftsreise? Waren dein Papa oder deine Mama auch schon einmal auf Geschäftsreise?

„Kann ich mitkommen?“, fragt Katja. Sie hat nämlich keine Lust, sich den ganzen Nachmittag allein zu beschäftigen.

„Was willst du denn da machen?“, will Jorick wissen.

„Ich könnte doch auch ein Babysitter sein“, erklärt Katja. „Wir passen einfach zu dritt auf Pia und Bente auf.“

Zum Glück hat Frau Helme nichts dagegen, dass drei Babysitter sich um ihre Kinder kümmern. Sie hat es ein bisschen eilig und verabschiedet sich schnell.

Pia freut sich sehr, als Andi, Katja und Jorick zum Spielen kommen. Sie schleppt sofort ein Bilderbuch zu Andi und kommandiert: „Buch! Da!“

Andi weiß, was das bedeutet: Pia will, dass er ihr das Buch vorliest.

Bente allerdings hat überhaupt keine Lust auf Babysitter. Er ist schon fast vier Jahre alt. Auf ihn muss niemand aufpassen. „Ich passe auf mich selber auf!“, schimpft er und knallt die Tür zu seinem Zimmer zu.

Während Andi Pia das Buch vorliest, klopfen Katja und Jorick an Bentes Tür. Schließlich müssen sie sich als Babysitter doch um ihn kümmern!

Habt ihr auch schon einmal einen Babysitter gehabt, der auf euch aufgepasst hat?

„Lasst mich in Ruhe!“, schreit Bente wütend.

Da trauen sich Katja und Jorick nicht, in Bentes Zimmer zu gehen. Sie setzen sich zu Andi und Pia. Katja ist ratlos. Es ist gar nicht so einfach, ein guter Babysitter zu sein.

Pia drückt Katjas Hand und sagt: „Nicht traurig sein. Bente tommt tleich wieder.“

Und tatsächlich. Es dauert gar nicht lange, da öffnet sich die Tür von Bentes Zimmer.

„Seid ihr mit dem Buch bald fertig?“, fragt Bente. „Mir ist langweilig.“

Jorick grinst.

„Ja, gleich“, nickt er und klopft auf das Sofa. Da setzt sich Bente zwischen Katja und Jorick und hört auch zu. Obwohl er schon so groß ist. Andi kann gut vorlesen. Er verstellt seine Stimme und Pia und Bente müssen laut lachen.

Später basteln sie zusammen Tannenbäume aus Tonkarton für die Fenster. Das ist ganz einfach. Katja hat es früher bei Oma gelernt und jetzt zeigt sie es den anderen. Das macht ihr viel Spaß. Sie fühlt sich richtig groß.

Die Kinder schneiden und kleben und merken gar nicht, wie die Zeit vergeht. Als Frau Helme nach Hause kommt, haben sie die Fenster in Pias und Bentes Zimmer mit hübschen Tannenbäumen beklebt. Das sieht schön weihnachtlich aus.

Als Katja, Jorick und Andi sich verabschieden, fragt Bente: „Kommt ihr wieder zum Aufpassen? Ich bin ja noch nicht soooo groß. Ihr dürft immer meine Babysitter sein!"

Zusammenfassung

Gemeinsam mit Andi, einem älteren Jungen aus der Nachbarschaft, passen Jorick und Katja auf Bente und Pia, die Kinder von Frau Helme, auf. Bente findet zuerst, dass er schon groß ist und keinen Babysitter mehr braucht. Da ihm langweilig ist, macht es ihm dann doch Spaß, mit Katja, Jorick, Andi und Pia zu basteln.

Tannenbaum für das Fenster

Material pro Kind:
- ein Bogen grünes Tonpapier (DIN A3)
- rotes und gelbes Tonpapier (Reste)
- Schere
- Klebstoff
- durchsichtiges Klebeband

So wird's gemacht:
- Aus grünem Tonpapier vier gleich große Quadrate schneiden.
- Quadrate diagonal zu Dreiecken falten und innen zusammenkleben.
- Die grünen Dreiecke mit etwas Abstand übereinanderkleben, sodass ein Tannenbaum entsteht.
- Aus dem roten Tonpapier längliche Streifen (Rechtecke) schneiden und als Kerzen auf den Tannenbaum kleben.

- Aus gelbem Tonpapier Flammen ausschneiden und über die roten Rechtecke kleben.
- Den Tannenbaum mit durchsichtigem Klebeband an der Fensterscheibe befestigen.

20. Dezember

Kein Weihnachten bei Emine

Katja hüpft vergnügt vom Kindergarten nach Hause. Sie hat sich mit Emine verabredet. Emine ist sehr nett. Sie ist in Katjas Gruppe. In den letzten Tagen haben die beiden im Kindergarten viel miteinander gespielt. Und was das Tollste ist: Emine wohnt im gleichen Hochhaus wie Katja. Komisch, dass sie sich hier noch nie getroffen haben. Das kommt sicher daher, dass Emine meistens bis zum späten Nachmittag im Kindergarten bleibt. Katja wird immer viel früher abgeholt.

Jorick hat heute wieder Probe für das Krippenspiel. In vier Tagen ist Heiligabend und dann findet die große Aufführung in der Kirche statt. Es passt also prima, dass Katja Emine besucht.

Wisst ihr noch, welche Rolle Jorick beim Krippenspiel übernommen hat?

Emine öffnet freudestrahlend die Tür, als Katja klingelt.

„Komm rein", sagt sie. „Mama hat Baklava und Tee gemacht. Magst du das?"

Baklava? Das klingt fremdartig.

„Ich weiß nicht", murmelt Katja. „Was ist das denn – Baklava?"

„Süßes, leckeres Gebäck. Eine türkische Spezialität mit Mandeln und Honig. Das musst du probieren!", lächelt Emine. „Ziehst du bitte die Schuhe aus?"

Da sieht Katja, dass vor der Wohnungstür mehrere Paar Schuhe stehen. Emines Turnschuhe sind auch dabei.

„Wir laufen in der Wohnung auf Strümpfen", erklärt Emine und zieht Katja ins Wohnzimmer. Auf einem niedrigen Tisch stehen drei kleine, mit goldenem Muster bemalte Teegläser, eine Messingschale mit Zucker und ein Teller mit klebrig aussehendem Gebäck.

Wenig später sitzen Emine, Katja und Emines Mutter am Tisch und schlürfen heißen Tee.

„Darf ich noch ein Stück nehmen?", fragt Katja und zeigt auf das Baklava. „Das schmeckt toll!"

Emines Mutter lacht. „Aber natürlich. Greif nur zu!"

In Emines Wohnzimmer ist es sehr gemütlich. Überall liegen kleine Teppiche und bunte Kissen und an der Wand hängen große Fotos aus der Türkei. Katja wundert sich ein wenig, weil sie überhaupt nichts Weihnachtliches entdecken kann. Hier gibt es keinen Adventskranz, keine Tannenzweige und keine kleinen Engel.

Was glaubt ihr, warum es in Emines Wohnung nichts Weihnachtliches gibt?

„Habt ihr keinen Adventskranz?", fragt Katja schließlich neugierig.

„Du meinst wie im Kindergarten?" Emine schüttelt den Kopf. „Wir feiern Weihnachten nicht. Wir sind Muslime. Ich bekomme am 24. Dezember ein Geschenk von meinen Eltern, weil da in

Deutschland alle Kinder Geschenke bekommen. Aber Weihnachten ist bei uns kein besonderer Tag. Wir haben andere Feste."

Kennt ihr ein türkisches Fest?

„Warum feiert ihr überhaupt Weihnachten?", will Emine schließlich wissen.

Katja denkt einen Augenblick nach. Dann sagt sie: „Magst du morgen Nachmittag zu mir kommen? Dann zeige ich dir unsere Weihnachtskrippe und erzähle dir, warum wir Weihnachten feiern."

Zusammenfassung

Katja besucht zum ersten Mal Emine, ein türkisches Mädchen aus ihrer Kindergartengruppe. Sie trinken zusammen mit Emines Mutter Tee und essen Baklava, ein süßes türkisches Gebäck. Bei Emine zu Hause gibt es nichts Weihnachtliches. Das muslimische Mädchen möchte gern wissen, warum Weihnachten gefeiert wird. Katja will sich für den nächsten Tag wieder mit Emine verabreden und ihr von Weihnachten erzählen.

Baklava – türkisches Dessert-Gebäck

Zutaten für ca. 20 Kinder:

- drei Teigblätter Filoteig (auch „Yufka" genannt, eine Art Strudelteig) aus einem türkischen Fachgeschäft
- 500 g grob gehackte Mandeln (Walnüsse und Pistazien sind auch verwendbar)
- 100 g Paniermehl
- 100 g Zucker
- 250 g geschmolzene Butter
- 1 Messerspitze Zimt
- 1 Messerspitze gemahlene Nelken

Für den Sirup:

- 300 g Zucker
- 250 g Honig
- 1 Messerspitze Zimt
- 1 Messerspitze gemahlene Nelken
- 400 ml Wasser

So wird's gemacht:

- Mandeln, Paniermehl, Zucker, geschmolzene Butter, Zimt und gemahlene Nelken in einer Schüssel verrühren.
- Ein Teigblatt Filoteig auf ein gefettetes Backblech legen (noch besser ist allerdings die etwas tiefere Fettpfanne des Backofens), die Hälfte der Mandelmischung darauf verteilen und mit einem Teigblatt Filoteig bedecken.
- Den Rest der Mandelmischung darauf verteilen und wieder mit einem Teigblatt bedecken.
- Das oberste Teigblatt mit etwas geschmolzener Butter bestreichen und in Dreiecke oder Vierecke zu Portionsstücken schneiden.
- Bei 180 °C (Heißluft) ca. 30 Minuten backen.
- Sirup aus den angegebenen Zutaten kochen, noch heiß über das gebackene Baklava gießen und einige Stunden durchziehen lassen.

21. Dezember

Die Weihnachtsgeschichte

„Mama", bettelt Katja am nächsten Nachmittag, „darf ich die Weihnachtskrippe mit in mein Zimmer nehmen? Emine weiß noch nicht viel über Weihnachten. Ich möchte ihr die Geschichte vom Jesuskind erzählen. Und das geht besser mit dem Stall und den Figuren."

Mama sieht nachdenklich aus. Die Weihnachtskrippe mit den Holzfiguren ist alt. Mama hat sie von ihrer Oma bekommen, als sie noch ein kleines Mädchen war.

„Versprichst du mir, dass ihr sehr vorsichtig damit seid?", fragt Mama.

„Natürlich! Ehrenwort!", versichert Katja.

Wer von euch hat zu Hause eine Weihnachtskrippe? Erzählt, wie eure Krippe aussieht.

Katja darf den hölzernen Stall, an dessen Dach ein goldener Stern hängt, in ihr Zimmer tragen. Mama legt den winzigen Futtertrog und alle Figuren auf ein Tablett: Maria, Josef, das Jesuskind, den Esel, den Ochsen und drei kleine Hirten mit ihren Schafen.

„Mama", sagt Katja, „ich brauche einen Engel. Den Engel, der den Hirten sagt, dass sie sich nicht fürchten sollen."

„Leider haben wir keinen Engel", sagt Mama.

Zum Glück hat Katja aber eine gute Idee. Sie nimmt den Porzellanengel, der auf Mamas Schreibtisch steht und eine Kerze in den Händen hält. Der ist prima!

Als Emine kommt, ist alles vorbereitet. Sie soll sich gleich auf ein Kissen auf dem Boden setzen und zuschauen, wie Katja die Weihnachtsgeschichte spielt. Es ist fast wie im Theater.

„Maria und Josef mussten weit laufen. Sie waren auf dem Weg von Nazareth nach Bethlehem. Maria war so dick wie Frau Stern. Sie war nämlich schwanger", erzählt Katja.

Was bedeutet das Wort „schwanger"?

„Als sie in Bethlehem ankamen, suchten sie ein Nachtlager. Aber niemand hatte für sie Platz", sagt Katja und nimmt ihren Teddy aus der Spielzeugkiste.

„Nein! In meinem Haus ist kein Platz für euch", brummt Katja mit Teddystimme.

Dann erzählt sie mit ihrer normalen Stimme weiter: „Maria und Josef waren müde. Deshalb waren sie froh, als sie in einem Stall übernachten durften." Katja stellt Maria und Josef in den Stall. Der Esel und der Ochse stehen schon vor der Futterkrippe.

„In dieser Nacht wurde Marias Baby geboren", erzählt Katja und legt das Jesuskind in den Futtertrog.

Katja zeigt auf die Hirten, die mit dem Hund und den Schafen auf dem Teppich liegen, und erzählt weiter: „Ein paar Hirten passten in der Nacht auf ihre Schafe auf, als es plötzlich ganz hell wurde."

Katja schaltet die Nachttischlampe an und hebt den Porzellanengel hoch in die Luft.

„Ein Engel kam aus dem Himmel. Die Hirten erschraken sehr. Aber der Engel sagte zu den Hirten: ‚Fürchtet euch nicht! Jesus Christus, der Heiland, ist geboren. Geht nach Bethlehem. Dort werdet ihr das Kind in einem Stall finden.‘“

Katja lässt die Hirten mit dem Hund und den Schafen zu dem Stall laufen, stellt sie dort auf und sagt: „Und es war alles so, wie der Engel es den Hirten erzählt hatte.“

„Toll“, sagt Emine und klatscht in die Hände.

„Ja“, sagt Katja, „so war das damals, als Jesus geboren wurde. Und diesen Geburtstag, den feiern wir jedes Jahr. Das ist unser Weihnachtsfest.“

Zusammenfassung
Katja darf Mamas alte Weihnachtskrippe mit den hölzernen Figuren mit in ihr Kinderzimmer nehmen. Als Emine zu Besuch kommt, spielt Katja ihr die Weihnachtsgeschichte vor. Nun weiß Emine, dass an Weihnachten der Geburtstag von Jesus gefeiert wird.

Hosentaschenbüchlein

Material pro Kind:
- Kopie der Vorlage von Seite 59
- Buntstifte

So wird's gemacht:
- Die Kinder malen die einzelnen Bilder des Büchleins aus und werden dazu angeregt, die jeweils fehlenden Teile (in den Versen fett gedruckt) zu ergänzen. Kleineren Kindern werden die Verse dazu nach und nach vorgelesen.
- Die Vorlage einmal an der schmalen Seite und zweimal hintereinander an der langen Seite jeweils in der Mitte falten und wieder aufklappen, sodass die folgenden Faltlinien zu sehen sind.

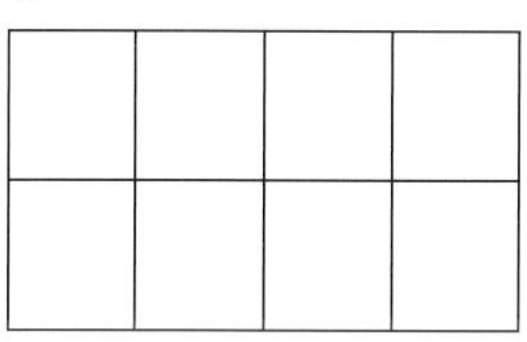

- Dann das Blatt einmal an der langen Seite zusammenlegen und mit der Schere vom Falz bis zur Querfaltlinie einschneiden. Das Blatt wieder öffnen.

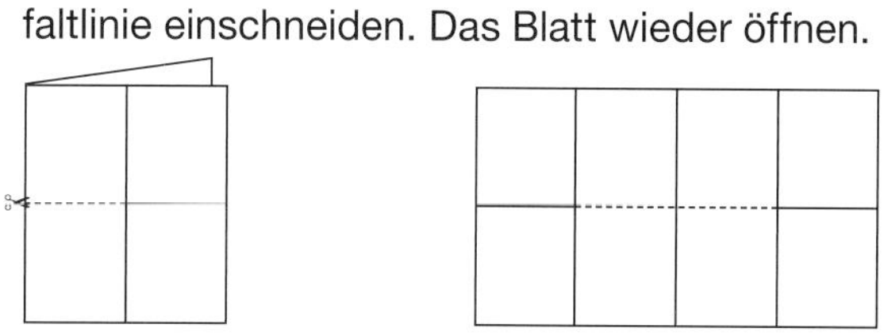

- Das Blatt an der schmalen Seite in der Mitte falten und von außen mit beiden Händen zur Mitte zusammenschieben, sodass sich in der Mitte der Schnitt öffnet und das Papier vorne und hinten nach außen klappt.

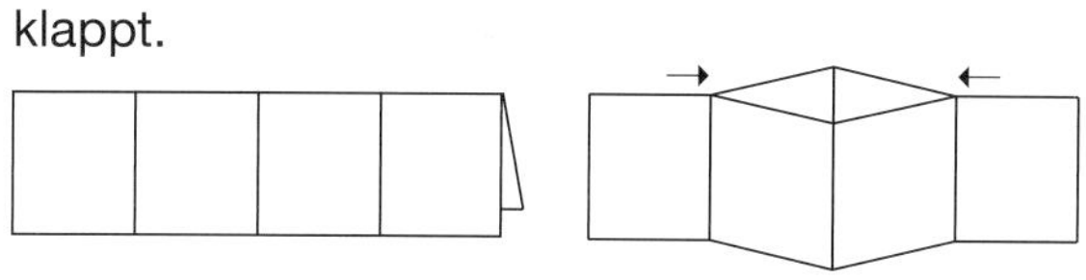

- Die vier Buchblätter so aufeinanderlegen, dass die Seite mit dem Titel oben liegt und die Seiten den Seitenzahlen entsprechend folgen.

22. Dezember

Chaos im Kinderzimmer

Katja wird immer zappeliger. Nur noch zweimal schlafen und dann ist Weihnachten! Das ist so aufregend! Oma und Opa kommen am Heiligen Abend zu Besuch. Bestimmt bringen sie viele Geschenke mit.

Alle paar Minuten läuft Katja zu Mama in die Küche und fragt: „Wie viele Stunden noch bis zum Weihnachtsgottesdienst?"

Nach dem Gottesdienst am Heiligen Abend gibt es nämlich die Bescherung.

Was bedeutet Bescherung?

Irgendwann ist Mama ziemlich genervt von Katjas Fragerei. Sie sagt: „Weihnachten kommt auch nicht schneller, wenn du ständig fragst. Warum spielst du nicht mit Jorick?"

Das ist keine schlechte Idee. Katjas Füße laufen von ganz allein zu Joricks Wohnung hinauf. Als sie gerade klingeln will, öffnet Jorick die Tür.

„Oh, hallo!", sagt er überrascht. „Ich gehe nach oben zu Paula. Willst du mitkommen?"

„Paula? Wer ist denn das?", fragt Katja verwundert. Eine Paula kennt sie nicht. Und dabei dachte sie, dass sie inzwischen alle Leute, die im Hochhaus wohnen, kennengelernt hätte …

„Paula Scheller geht in meine Klasse", erklärt Jorick. „Wir fragen mal, ob sie mit uns spielt."

Die beiden steigen in den vierten Stock hinauf. Paula freut sich sehr über den Besuch. Sie langweilt sich schon den ganzen Nachmittag. Die Zeit zieht sich wie Kaugummi. Es wird und wird nicht später. Wenn das so weitergeht, dann kommt Weihnachten nie.

„Wir spielen in meinem Zimmer", sagt Paula und hält die Wohnungstür für Katja und Jorick auf. „Mama arbeitet noch und Papa schreibt einen wichtigen Brief."

In Paulas Zimmer steht ein Hochbett. Das ist großartig. Damit kann man tolle Sachen machen. Man kann hinaufklettern, oben sitzen und mit den Beinen baumeln oder eine Höhle darunter bauen.

Man kann aber auch Schwimmbad spielen. Das ist das Spiel, das Paula vorschlägt. Dafür muss man nur das Bettzeug und die Matratze auf den Fußboden werfen und schon ist das Hochbett ein Sprungturm. Paula zeigt Katja und Jorick, wie man vom Sprungturm auf die Matratze, die jetzt das Wasser ist, springt. Jorick probiert es gleich aus. Sogar Katja traut sich zu springen, denn die Matratze ist wunderbar weich.

Ist es eine gute Idee, im Kinderzimmer vom Hochbett zu springen? Was meint ihr?

Leider springt Paula aus Versehen ein bisschen zu weit. Dabei stößt sie gegen das Spielzeugregal und das fällt scheppernd um. Puppentöpfe, Legosteine, Bücher und Barbiepuppen fliegen durch die Gegend. Das macht richtig Krach.

„Was ist denn hier für ein Chaos?“ Herr Scheller steht in der Tür. Er sieht ziemlich wütend aus. „Seid ihr verrückt geworden? Was soll denn der Unsinn!“

Paula fängt an zu weinen und Katja versteckt sich ein wenig hinter Jorick.

„Das wollten wir nicht“, murmelt Jorick. „Es war ein Versehen! Wir räumen das gleich wieder auf!“

Zum Glück ist Herr Scheller nicht lange böse. Er tröstet Paula und entschuldigt sich, weil er so geschimpft hat. Dann hilft er den Kindern beim Aufräumen. In null Komma nichts ist das Chaos beseitigt.

„Ich weiß ja“, sagt Herr Scheller. „Ihr seid zappelig vor Ungeduld. Ihr könnt es nicht mehr erwarten, dass endlich Weihnachten wird.“

Und damit hat er recht.

Zusammenfassung

Katja besucht zusammen mit Jorick Paula Scheller, die in Joricks Klasse geht und auch im Hochhaus wohnt. Paula langweilt sich und ist froh, dass Katja und Jorick zum Spielen kommen. Die drei toben in Paulas Zimmer so wild, dass ein Regal mit Spielsachen umfällt. Da wird Paulas Vater ziemlich wütend. Zum Glück ist er nicht lange böse, sondern versteht, dass die Kinder so unruhig sind, weil sie es nicht mehr erwarten können, dass endlich Weihnachten wird.

Bewegungslied: Hey, wir warten!

Material:

- Kopie der Vorlage von Seite 60

So wird's gemacht:

- Das Lied wird nach der Melodie von „Morgen, Kinder, wird's was geben“ gesungen. Alle Kinder stellen sich dazu in einem Kreis auf. Die Noten und alle Strophen mit Bewegungsanregungen finden Sie auf Seite 60.

Teilen Sie die Kinder für die dritte Strophe in zwei Gruppen ein: in „Kinder“ und „Erwachsene“, die dann abwechselnd jeweils ihren Teil singen.

23. Dezember

Da läuft ein Weihnachtsbaum!

Heute haben die Kindergarten-Weihnachtsferien begonnen. Das ist so langweilig. Jetzt muss Katja nicht nur nachmittags darauf warten, dass endlich Weihnachten wird. Nein, sie fängt mit dem Warten gleich nach dem Frühstück an. Mama rumort mit dem Staubsauger in allen Zimmern. Papa hat heute frei. Er sucht im Keller den Tannenbaumständer. Katja will den beiden nicht helfen. Sie schaut lieber aus dem Fenster.

Was biegt denn dort hinten um die Ecke? Das sieht ja witzig aus! Auf dem Gehweg marschiert eine grüne Tanne direkt auf das Hochhaus zu. So etwas hat Katja noch nie gesehen. Eine Tanne mit zwei Beinen! Ein Tanne, die läuft! Plötzlich kichert Katja. Hinter der Tanne ist ein Mensch versteckt. Ein Mensch, der den Baum trägt. Der Mensch mit dem Tannenbaum kommt immer näher und jetzt erkennt Katja, wer das ist: Jens, der Zivi. Bestimmt bringt er einen Weihnachtsbaum für Herrn Voss. Katja rennt ins Treppenhaus. Sie hält die Haustür auf, dann hat Jens es leichter mit dem Baum.

„Hey, Katja! Danke!“, ruft Jens außer Atem. Es ist nicht einfach, eine Tanne durch die Stadt zu tragen.

„Hallo, Jens!“, sagt Katja. „Warte, ich helfe dir!“

Doch als sie mit beiden Händen die Tanne anfassen will, ruft Jens: „Sei vorsichtig! Du hast keine Handschuhe an, so wie ich!“

Wofür braucht Jens die Handschuhe?

„Nimm den Schlüssel aus meiner Jackentasche und schließ mir die Wohnungstür auf. Das wäre eine große Hilfe“, fügt Jens hinzu.

Mit dem Schlüssel in der Hand rennt Katja vor dem Zivi die Treppen zu Herrn Voss hinauf. Als Jens vor der Wohnung ankommt, steht die Tür schon sperrangelweit offen. Er kann den Baum sofort ins Wohnzimmer tragen.

Die Tanne gefällt Herrn Voss sehr. „Wie schön!“, ruft er begeistert und rollt ganz nahe an den Baum heran. „Wie das duftet! Nun wird es richtig weihnachtlich!“

„Was machen Sie morgen?“, fragt Katja den alten Mann.

„Ich feiere Weihnachten ganz still für mich allein“, sagt Herr Voss. „Jens schmückt mir jetzt die Tanne und ich zünde am Heiligen Abend die Kerzen an. Später schaue ich mir einen Film im Fernsehen an.“

„Oh“, sagt Katja. „Gehen Sie gar nicht in den Gottesdienst?“

Herr Voss schüttelt den Kopf.

„Aber dann können Sie ja Jorick nicht als Josef sehen!“, ruft Katja. „Wie schade!“ Sie sieht ein bisschen traurig aus.

„Ja“, stimmt Herr Voss zu. „Schade ist das schon.“

„Vielleicht kann Papa das Krippenspiel mit der Kamera aufnehmen. Dann können Sie es sich später ansehen“, überlegt Katja.

Haben eure Eltern auch schon einmal etwas mit der Kamera aufgenommen?

„Ich glaube, in der Kirche darf man nicht filmen“, sagt Herr Voss. „Aber das macht nichts. Ihr könnt mir ja hinterher von dem Krippenspiel erzählen.“

Katja nickt. Natürlich. Das wird sie auf jeden Fall machen.

Jens grinst und zwinkert Katja zu. Was hat er nur?

Zusammenfassung

Als Katja sieht, wie der Zivi Jens einen Tannenbaum zu Herrn Voss in die Wohnung bringen will, rennt sie ins Treppenhaus und hilft ihm. Herr Voss freut sich über die Tanne, aber er erzählt auch, dass er am Heiligen Abend nicht in die Kirche gehen kann, um das Krippenspiel mit Jorick als Josef anzusehen. Das findet Katja traurig. Sie wundert sich, dass Jens grinst und ihr zuzwinkert.

Kleines Weihnachtsspiel

Den Text des kleinen Weihnachtsspiels, das Sie mit den Kindern einstudieren können, finden Sie auf den Seiten 61 und 62. Um möglichst viele Kinder in das Spiel einzubinden, können auch Rollen doppelt besetzt werden. Das gibt besonders kleineren Kindern Sicherheit auf der Bühne.

Es werden elf Kinder für eine Aufführung benötigt: zwei Steine, zwei Bäume, zwei Büsche, Meise, Hund, Maus, Hase und eine Tanne.

So wird's gemacht:

- Größere Kinder können ihren Text selbstständig erlesen, kleineren Kindern wird er zunächst mehrfach vorgesprochen.
- Die Tanne, grün gekleidet und ein wenig weihnachtlich geschmückt, steht in der Mitte der Bühne. Steine, Bäume und Büsche sind locker auf der Bühne verteilt. Die Steine sind grau gekleidet, die Büsche und Bäume grün (oder schwarz, da sie im Winter die Blätter verloren haben). Die Büsche können in jeder Hand einen kleinen kahlen Zweig halten. Die Bäume bekommen einen größeren Ast, den sie vor sich auf den Boden stellen.
- Nacheinander treten die vier Tiere auf und tragen jedes ein schön verpacktes Geschenk mit einer großen Schleife: Die Meise trägt einen verpackten Knochen, der Hund einen verpackten Käse, die Maus eine verpackte Möhre und der Hase ein rotes Säckchen mit Körnern für die Meise.
- Büsche, Bäume und Steine beobachten die Tiere neugierig.
- Zum Schluss singen Schauspieler und Publikum ein Weihnachtslied, auf das man sich im Vorfeld verständigen sollte, auch hinsichtlich einer möglichen Begleitung mit Instrumenten.

24. Dezember

Endlich ist Heiligabend!

„Gehen wir jetzt los?“

Katja kann es kaum erwarten. Sie steht fertig angezogen vor der Wohnungstür. Wo bleiben Mama, Papa, Oma und Opa bloß? Sie werden noch zu spät zum Weihnachtsgottesdienst kommen. Sie werden Joricks großen Auftritt als Josef verpassen! Wieso sind die Erwachsenen nur alle so schrecklich langsam? Oma lächelt und knöpft ihren Mantel zu. Endlich sind auch die anderen fertig. Es kann losgehen! Katja öffnet die Wohnungstür. Stimmengewirr schallt ihr entgegen. Was ist denn hier los?

Jorick kommt mit seinen Eltern die Treppe herunter. Er trägt schon sein Kostüm und sieht beinahe wie der Josef in Katjas hölzerner Weihnachtskrippe aus.

„Ich bin ein bisschen aufgeregt“, flüstert er Katja zu. „Hoffentlich vergesse ich meinen Text nicht!“

Bevor Katja antworten kann, rennen sechs Kinder wie wild gewordene Hummeln an ihr vorbei. Nina Martens und ihre Geschwister Nele und Nils, Paula Scheller und die Brüder Lars und Sven können es offenbar genauso wenig wie Katja erwarten, in die Kirche zu kommen.

Herr und Frau Martens kommen zusammen mit Paulas Eltern die Treppe herunter. Sie sind festlich angezogen und sehen sehr zufrieden aus. Martin Schoch und Herr Richter folgen ihnen.

Matz lässt sich von dem Trubel im Treppenhaus überhaupt nicht stören. Vorsichtig führt er Frau Schwarz Stufe für Stufe hinunter.

Das Ehepaar Stern steht schon in der geöffneten Haustür. Jeder von ihnen hat ein Baby auf dem Arm. Katja muss den süßen Babys schnell „Guten Tag“ sagen.

Frau Liebig trägt den kleinen Malte und unterhält sich mit Frau Lanz.

Herrn Kuhn geht es wieder besser. Arm in Arm geht er mit seiner Frau die Treppe hinunter.

Würde Frau Rix nicht neben ihrem Mann stehen, hätte Katja den Hausmeister nicht erkannt. Mit Hut und Krawatte sieht er ganz verändert aus. Katja kennt ihn nur in seiner Arbeitskleidung.

„Endlich ist Heiligabend!“, ruft Bente Helme und winkt seinen beiden Babysittern fröhlich zu.

„Hallo Tatja, hallo Jolick!“, ruft Pia und Herr und Frau Helme begrüßen Katjas Eltern.

Am Treppenabsatz oberhalb von Katjas Wohnung erscheint plötzlich Herr Voss in seinem Rollstuhl. Er lacht und redet mit Jens. Der Zivi ist extra gekommen, um mit Herrn Voss in den Weihnachtsgottesdienst zu gehen. Katja kichert. Deshalb hat Jens gestern gegrinst und gezwinkert. Er wollte Herrn Voss überraschen. Das hat ja auch geklappt!

„Mama“, flüstert Katja, „ich glaube, alle unsere Nachbarn wollen Jorick als Josef sehen.“

In diesem Augenblick geht die Tür der Wohngemeinschaft im Erdgeschoss auf und Anja, Ole und Tom treten ins Treppenhaus.

„Oha!“, lacht Ole. „Ist heute irgendetwas Besonders los?“

Über diese Frage muss Nils so kichern, dass er sich verschluckt. Etwas Besonderes? Ja, weiß Ole denn nicht, dass Heiligabend ist? Während Nina ihrem Bruder auf den Rücken klopft, erklärt Katja Ole, dass heute Heiligabend ist. Auf einmal sieht sie ein breites Grinsen auf Oles Gesicht.

„Ole!", schimpft Anja. „Hör auf, die Kleine zu veräppeln! Los, lasst uns gehen!"

„Wartet!", ruft jemand von oben. „Wir kommen auch mit, das ist doch klar!"

Sogar Emine möchte mit ihren Eltern in die Kirche gehen, um Jorick zu sehen.

Draußen ist es schon dunkel. Der verschneite Gehweg glitzert im Licht der Straßenlaternen. Die Kirchenglocken läuten. Sie laden alle Menschen zum Weihnachtsgottesdienst ein. Katja ist sehr glücklich.

„Ist es nicht schön in unserem neuen Zuhause?", fragt sie und drückt Opas Hand.

Zusammenfassung

Am Heiligen Abend treffen sich die Hochhausbewohner im Treppenhaus auf dem Weg zum Weihnachtsgottesdienst. Auch Katjas Oma und Opa sind dabei und der Zivi Jens mit Herrn Voss. Alle wollen Jorick im Krippenspiel sehen. Draußen ist alles verschneit und die Kirchenglocken läuten. Katja ist sehr glücklich.

Weihnachtsmemory

Material pro Kind:

- zweifache Kopie der Vorlagen von den Seiten 63 und 64
- ein Bogen weißer Tonkarton (DIN A2)
- Bunt- oder Filzstifte
- Schere und Klebstoff
- Laminierfolie und Laminiergerät

So wird's gemacht:

- Die Kinder malen die kopierten Motive aus, schneiden sie aus und kleben sie auf vorbereitete Memorykarten aus Tonkarton (kleiner als 10 x 10 cm).
- Zur besseren Haltbarkeit werden die Memorykarten laminiert.
- Das Spiel folgt den bekannten Regeln.

Gestaltungsvorlagen

zu: 4. Dezember (Seite 12/13)

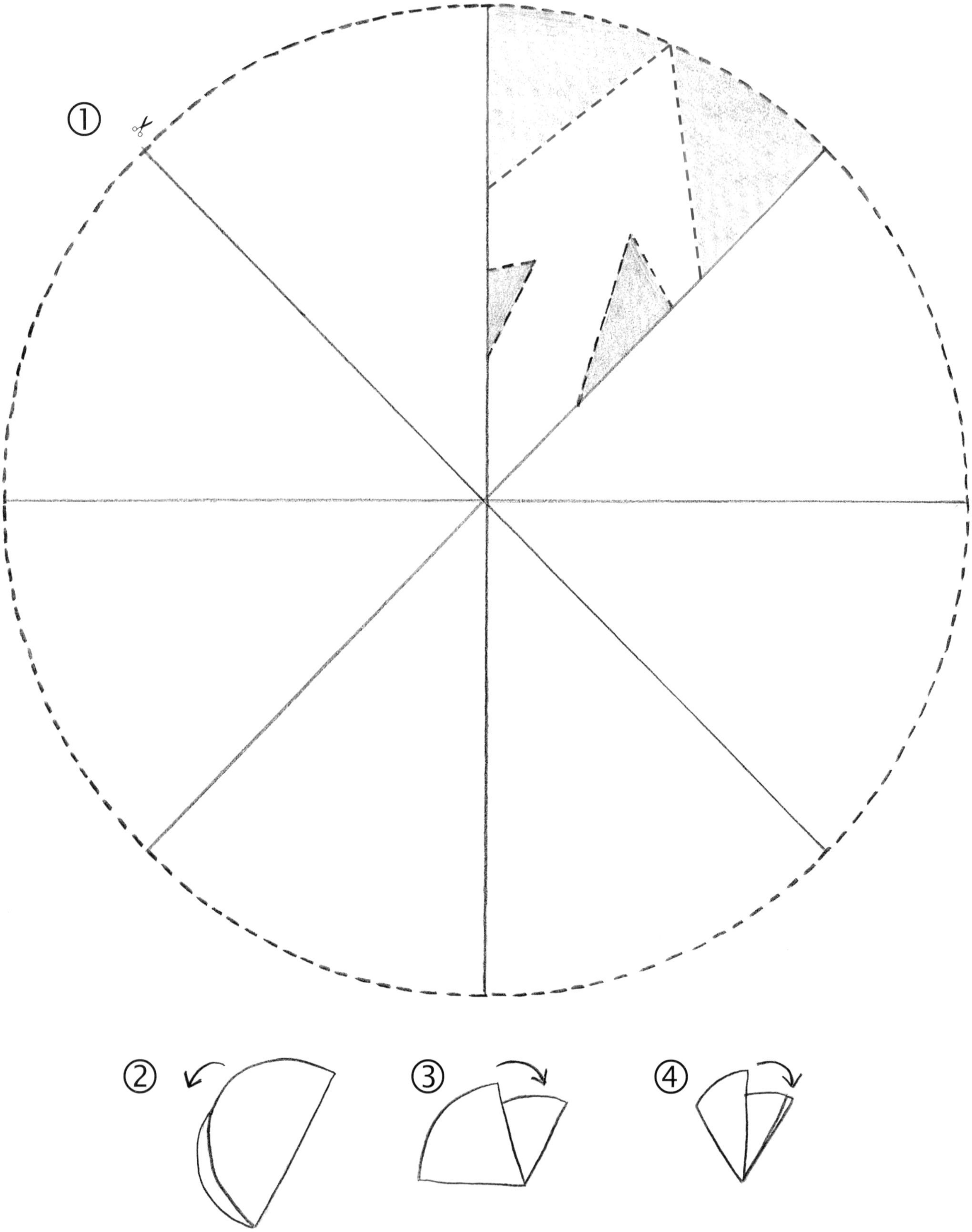

zu: 8. Dezember (Seite 20/21)

Von: ____________________

Adventsgedicht

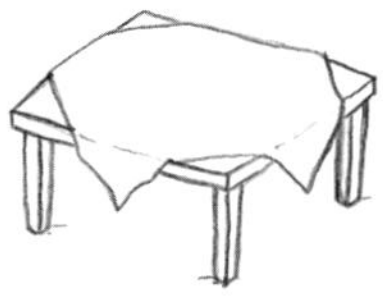

Ein **Tisch** mit einem **roten Tuch**.

Ein **Tannenzweig** in einer **Vase**.

Ein dickes, dickes **Märchenbuch**

und **Plätzchenduft** in meiner **Nase**.

Im Fenster hängt ein gold'ner **Stern**.

Ein **Stiefel** wartet still und leise.

Ich knack die **Nuss**. Das mach ich gern.

Der **Nikolaus** geht auf die Reise.

Das ist die Zeit, die jeder kennt.

Du weißt es auch: Es ist ☐☐☐☐☐☐.

Barbara Peters

Gestaltungsvorlagen

zu: 14. Dezember (Seite 32/33)

Winter-Bewegungslied

Text: Barbara Peters
Musik: Susanne Geilke

1. Im Winter ruht die Erde sich	*Handflächen aneinander- und an die Wange legen*
vom Blühn und Wachsen aus.	*auf die Zehenspitzen stellen und strecken*
Wenn's still und weiß wird rings um mich,	*Finger auf die Lippen legen*
dann muss ich flink hinaus:	*auf der Stelle laufen*
2. Die dicke Jacke nehm ich mir,	*imaginären Jackenreißverschluss schließen*
die Mütze und den Schal,	*mit den Händen eine Mütze über dem Kopf formen, einen imaginären Schal umbinden*
auch Handschuh, weil ich sonst so frier,	*imaginäre Handschuhe überziehen*
denn ich hab keine Wahl:	
3. Ich brauche eine Schneeballschlacht,	*imaginäre Schneebälle werfen*
Eiszapfen, Pulverschnee,	*mit Daumen und Zeigefinger von oben nach unten*
die Winterluft, den Frost, der kracht,	*einen imaginären Eiszapfen entlangfahren*
die Krähen überm See.	*mit den Armen wie mit Flügeln schlagen*
4. Und wenn ich müde schlafen geh	*Handflächen aneinander- und an die Wange legen*
in dunkelblauer Nacht,	*die Augen schließen*
dann träum ich noch von Eis und Schnee	*leise singen*
und kalter Winterpracht!	

zu: 15. Dezember (Seite 34/35)

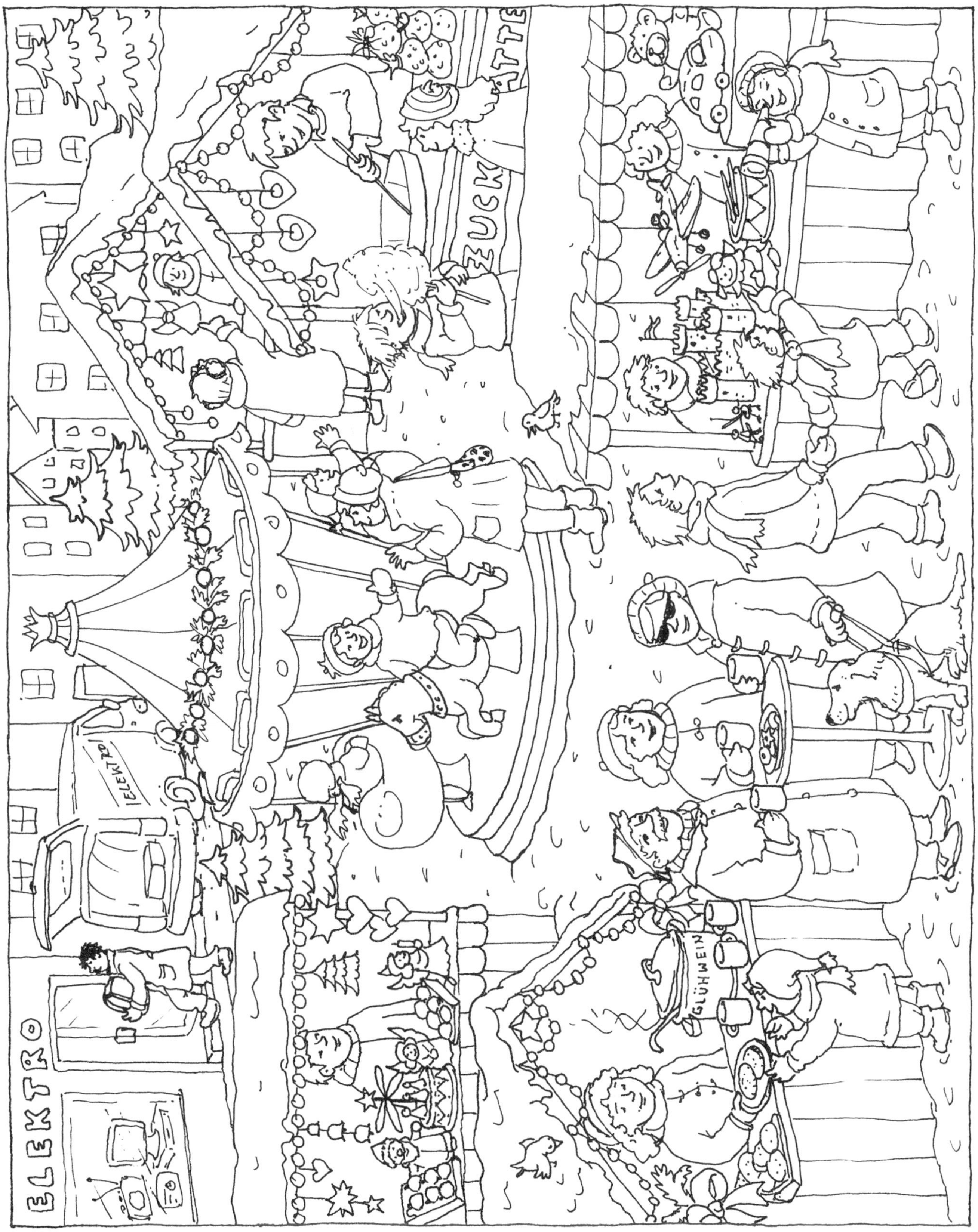

Gestaltungsvorlagen

zu: 18. Dezember (Seite 40/41)

______ falten

– – – – – schneiden

Die Weihnachtsgeschichte

Von:

Der Weg von Nazareth ist weit.
Maria trägt ein **blaues Kleid**
und Josef sagt: „Bald sind wir da.
Maria, Bethlehem ist nah!“

Vor einem Haus bleibt Josef stehn.
Man kann den **Wirt am Fenster** sehn.
Der Wirt, er sagt nur einen Satz:
„Bei mir im Haus, da ist kein Platz!“

Drum wird das Kind im Stall geboren.
Der Esel spitzt die **grauen Ohren**.
Und auch der Ochse, der schaut zu
und murmelt leise nichts als: „Muh!“

Die Hirten auf dem Felde schlafen
ganz still und friedlich bei den Schafen.
Und auch das **Mäuslein, grau und klein**,
schläft tief und fest bei einem Stein.

Vom Himmel strahlt ein helles Licht.
Ein Engel zu den Hirten spricht:
„Geboren wurde Gottes Sohn!
Es zeigt der **Stern** den Weg euch schon!“

Die Hirten folgen alle gern
dem wunderbaren, hellen **Stern**.
Im Stall, da finden sie geschwind
Maria, Josef und das Kind.

Andächtig knien die Hirten nieder.
Sie loben Gott und singen Lieder,
weil in der stillen, heil’gen Nacht,
der **Heiland in der Krippe lacht**.

Gestaltungsvorlagen

zu: 22. Dezember (Seite 48/49)

Bewegungslied: Hey, wir warten!

Text: Barbara Peters
Melodie: Morgen, Kinder, wird's was geben

Refrain:

Hey, wir warten! Wann geht's los?	*Arme vor der Brust verschränken, mit dem Fuß klopfen*
Sagt, wann kommt das Christkind bloß?	*Arme ausbreiten, Handflächen nach oben, Schultern hochziehen, fragend schauen*
1. Wenn am Kranz die Kerzen brennen	*Arme über den Kopf strecken, Handflächen aneinanderlegen*
und man riecht den Plätzchenduft,	*mit der Hand Luft zur Nase wedeln*
müssen unsre Beine rennen:	*auf der Stelle laufen*
Weihnachten liegt in der Luft!	*Arme ausbreiten und nach oben schauen*
2. Unsre Herzen, wie sie schlagen.	*mit der Hand auf die Brust klopfen*
Wie's uns in den Fingern juckt.	*mit den Fingern wackeln*
Ja, wir warten schon seit Tagen.	*Arme vor der Brust verschränken mit dem Fuß klopfen*
Unser ganzer Körper zuckt.	*mit dem ganzen Körper zappeln*
3. Ach, wir müssen ständig fragen: Mama, sag, wann ist's so weit?	*Teil der Gruppe („Kinder") singt*
Die Erwachsenen, sie sagen: „Nur Geduld, es kommt die Zeit!"	*anderer Teil der Gruppe („Erwachsene") singt*

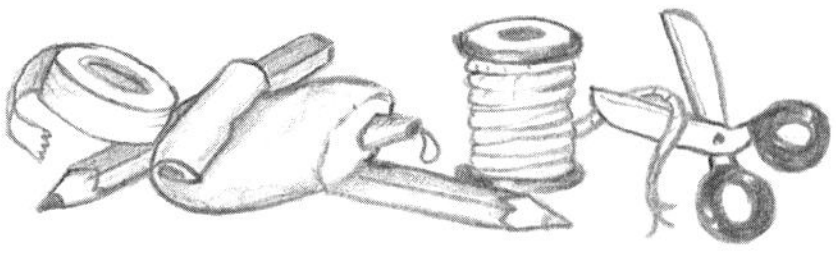

zu: 23. Dezember (Seite 50/51)

Kleines Weihnachtsspiel (1)

Stein 1: *(zeigt auf die Tiere)* Schaut nur, was die Tiere machen!
Stein 2: Ja, sie tragen bunte Sachen!

Baum 1: Wofür brauchen sie die Päckchen?
Baum 2: Und das kleine rote Säckchen?

Busch 1: Psst! Wir wollen sie nicht stören!
Busch 2: Doch wir wollen gerne hören,

Alle Vorigen: was sie mit den bunten Sachen – machen.

***Alle Vorigen** legen einen Finger auf die Lippen und eine Hand ans Ohr. Sie lauschen dem Gespräch der Tiere.*

Meise:
Lieber Hund, ich schenke dir
einen feinen Knochen hier!
Du magst gern am Knochen nagen,
das weiß ich seit vielen Tagen.

***Meise** gibt dem **Hund** ein Päckchen.*

Hund:
Wer bekommt den Knochen? Ich?
Oh, darüber freu ich mich!
Wuff! Wauwau! Ich danke dir
für den leck'ren Knochen hier!

***Hund** schnuppert an seinem Päckchen.*

Hund:
Mäuslein, schau! Ich schenke dir
diesen guten Käse hier.
Du magst gern am Käse nagen,
das weiß ich seit vielen Tagen.

***Hund** gibt der **Maus** ein Päckchen.*

Maus:
Wer bekommt den Käse? Ich?
Oh, darüber freu ich mich!
Lieber Hund, ich danke dir
für den leck'ren Käse hier!

***Maus** schnuppert an ihrem Päckchen.*

Maus:
Und du, lieber Hase, höre!
Für dich hab ich eine Möhre!
Du magst gern an Möhren nagen,
das weiß ich seit vielen Tagen.

***Maus** gibt dem **Hasen** ein Päckchen.*

Kleines Weihnachtsspiel (2)

Hase:
Wer bekommt die Möhre? Ich?
Oh, darüber freu ich mich!
Liebe Maus, ich danke dir
für die leck're Möhre hier!

__Hase__ schnuppert an seinem Päckchen.

Hase:
Meise, schau! Ich schenke dir
Körner in dem Säckchen hier!
Du magst gern an Körnern nagen,
das weiß ich seit vielen Tagen.

__Hase__ gibt der __Meise__ ihr Säckchen.

Meise:
Wer bekommt die Körner? Ich?
Oh, darüber freu ich mich!
Piep, piep, piep, ich danke dir,
für die leck'ren Körner hier!

__Meise__ pickt an ihrem Säckchen.

__Die Tiere__ packen zufrieden ihre Geschenke aus.

Stein 1: Freunde, wisst ihr, was ich denke?
Stein 2: Ja, sie machen sich Geschenke!

Baum 1: Weil sie gute Freunde sind!
Baum 2: Schließlich weiß ein jedes Kind,

Busch 1: dass man in der Heil'gen Nacht
Busch 2: andern Menschen Freude macht.

Tanne:
Ganz genau, ihr lieben Leute,
denn wir alle feiern heute
Weihnachten. Drum lasst uns singen
und den Menschen Freude bringen.

Alle:
Frohe Weihnacht wünschen wir
dir und dir und dir und dir!

Dabei zeigen __alle Schauspieler__ ins Publikum.

Tanne:
Jesus, der ist heut geboren!
Darum, Kinder, spitzt die Ohren
und singt mit uns immer wieder
für das Christkind Weihnachtslieder!

Zum Abschluss singen __Schauspieler__ und __Publikum__ gemeinsam ein Weihnachtslied.

zu: 24. Dezember (Seite 52/53)

✂

Gestaltungsvorlagen

zu: 24. Dezember (Seite 52/53)

✂